中华传奇文物书系

陶瓷传奇

Series of Chinese
Legendary Cultural Relics

Legend of
Ceramics

窦忠如◎著

揭 示 国 宝 传 承 的 奇 闻 秘 史
解 密 文 物 辗 转 的 云 谲 波 诡

北京出版集团公司
北京出版社

图书在版编目（CIP）数据

陶瓷传奇 ／ 窦忠如著 . —北京：北京出版社，
2015. 6
（中华传奇文物书系）
ISBN 978-7-200-11226-9

I. ①陶… II. ①窦… III. ①文物—陶瓷—介绍—中
国 IV. ① K876.3

中国版本图书馆 CIP 数据核字（2015）第 051389 号

中华传奇文物书系

陶瓷传奇

TAOCI CHUANQI

窦忠如　著

*

北 京 出 版 集 团 公 司
北 京 出 版 社　出版
（北京北三环中路 6 号）
邮政编码：100120

网　　址：www. bph. com. cn
北 京 出 版 集 团 公 司 总 发 行
新 华 书 店 经 销
北京利丰雅高长城印刷有限公司印刷

*

787 毫米 × 1092 毫米　16 开本　13.5 印张　250 千字
2015 年 6 月第 1 版　2015 年 6 月第 1 次印刷
ISBN 978-7-200-11226-9
定价：36.80 元
质量监督电话：010-58572393

目录
contents

绪 论
xulun

　　曾几何时，我流连忘返地徜徉在遍布中国南北各地的陶瓷遗址间，几番寻访探察过后，似乎漫漫无际的中国陶瓷史开始变得清晰起来。而当我转身步入自以为熟悉的文字深处，才发现其中无论是主流轮廓还是细枝末节，竟然都是陌生式的熟悉和亲切式的隔膜，而正是在这种奇妙的熟悉与隔膜中，我感受到一种因为锲而不舍所带来的欢愉。这种欢愉除了见识上的充实之外，更多的是中国陶瓷艺术赋予我心灵上的滋润与哺养，那完全是一种既厚重又空灵，既丰富又纯粹，既不可言说又真实存在的味道，同时更像是仲夏之夜赤足踩在潺潺流淌溪水中的一块美玉上，清润与滑爽穿透全身经络而不腻烦，这实在是一种不吐不快的妙不可言。

　　所以，我只能怀着忐忑心情写出下面这些共享文字，期望与诸君携手步入中国历史悠久而繁丽诡秘的陶瓷世界，一同欣赏其中的曲径通幽与繁花似锦。

　　然而，至今我也不知道曲径在哪儿，又有几条，它们是否都能通向澄明的幽美之地——陶瓷的起源。确实，虽然不是地球上所有的民族都会制造陶器，虽然（也许）是因为先民们在一些容易着火的容器外壁涂抹上黏土后而发明了陶器，虽然中国现今出土的最早陶器是在公元前6000年前的河北武安磁山与河南新郑裴李岗这两个新石器文化遗址中所发掘，但是这既不能说明它们是中国最早的陶器，更不能作为世界陶器肇始源流的确凿例证。

既然如此，我愿意由郭沫若先生的一阕《西江月》来遐想出一条通幽曲径——"土是有生之母，陶为人所化装，陶人与土配成双，天地阴阳酝酿。水火木金协调，宫商角徵交响，汇成陶海叹汪洋，真是森罗万象。"

在公元前6000年前的一个仲春时节，居住在磁山脚下的先民们——陶人，正在黄河下游河床上抟土制作一批准备用来烧煮或盛储食物的器具。其中，有一位陶人将刚刚搅拌好的黏土，用手搓成一条粗细均匀的泥条后，开始由下到上地盘筑起来。不一会儿，一件形似椭圆状的浅底器物——盂，便在他手中基本上成型了。也许是看到泥条在盘筑过程中留下了沟缝，以及泥条排列所形成的器壁还不够平整，这位陶人先是用泥浆胶合整个器物，接着又用手掌细致地抹平沟缝，再拿起一把带有曲折纹的木制拍子——印模，有节奏地拍打器壁使之更加坚实平整，最后才小心翼翼地送入炉窑。

几天后，当这位陶人细心地拣出自己精心制作的那件陶盂时，发现拍打在器壁上的曲折纹竟然呈现出一种暗红色，这让他不由得惊喜激动起来。当然，惊喜激动的还有8000年后来到磁山脚下探察远古陶瓷信息的现代考古学家们，虽然他们发掘出的只是那件陶盂破碎后留下的一块残片，但是这足以引领人们进入到"包罗万象"的陶器世界。也就是说，这块彩陶残片至少指引人们这样去思想——8000年前的中国陶器虽然在工艺上还显得比较浅近而简单，但是已经体现出了一定的制作技巧与烧造规模，表明它绝不是刚刚诞生的或者说最早的陶器，即中国陶器源头还应该毫无争议地向前推进！

"陶人传百代，中华土一丸"，这一丸之土在漫长的发展历程中，竟不断给予后人无比的惊喜与滋养。

第一，器型由简陋单一逐渐衍生为精致多彩。比如，在今天人们所知道的汲器、炊器、食器、饮器、盛储器这五大类中，就有罐、鼎、鬲、甗、釜、甑、灶、斝、鬶、盂、爵、角、觚、杯、碗、钵、豆、簋、盘、壶、瓮、瓶、罍、尊、盆、缸、觥等器型。至于被归入其他杂器一类的，因为它们匪夷所思的器型实在让现代人无法想象其真实用途，当然也就无法为之命名了。比如，形状恰似被截断的牛羊角一般的平底器座，以及一种内壁直刻密集沟槽而壁下又有孔的缸形器等，人们至今也不能明了它们到底是干什么用的。然而，正是这些丰富得有些诡异莫测的器型，才最能勾引起潜藏在人们内心深处的一些联想，岂不妙哉！

第二，陶器由最初简单实用的日常生活用途逐渐过渡到承载更多的社会生活功能。限于其自身材料，陶制工具的作用往往都是一些辅助性或补充性的，或者充当某种制品的替代物，比如陶模具、陶拍、陶垫、陶支烧架、陶纺轮、陶网坠，等等。正是这些看似不重要的陶制品的使用，极大地推动了制陶技术本身的发展，从而催生出了后来普遍用于建筑上的陶井圈、陶管道、陶砖、陶瓦及瓦当等。特别是陶范的使用，对于随后冶金术的发明，以及金属工具替代陶制工具在社会生产中占据主导地位，进一步提高社会生产力，都具有不可估量的意义和作用。至于陶塑与陶俑的出现，更是将陶器最初的实用功能抵消得不留点滴痕迹。

第三，陶器的器物造型、装饰花纹与内外色调在发展过程中，由粗糙、简陋、单一逐渐变得丰富、繁丽、多彩起来。陶器造型不再局限于汲器、炊器、食器、饮器、盛储器等简单的生活实用品，而是出现了诸如猪、狗、牛、羊、鸡、鸭、鱼、人等仿生造型，给人们的生活带来了勃勃生机。与造型变化几乎同时发生的，还有陶器装饰与色调的丰富多彩，比如拍印花纹、滚印花纹、附加堆纹、剔刻纹饰、镂雕纹饰与彩绘纹饰等。而这些不同装饰方法的使用，必然带来纹样的丰富多样，诸如绳纹、篮纹、方格纹、弦纹、螺旋纹、席纹、编织纹、篦划纹、鱼纹、鸟纹、玫瑰纹、连贝纹、兽面纹、夔纹、云雷纹、旋涡纹、回形纹、蝉纹等，当然，这些纹饰也由最初的单一素色，而随着陶衣原料的不断发现与丰富，开始衍生出绚烂的彩陶，给后世留下了丰富的文化和艺术财富。

第四，陶器最初的实用性逐渐被人们赋予了更多的情感色彩。比如仿生陶器的出现，最初应该是陶人关于动物崇拜、祖先崇拜与神灵崇拜的产物，寄托着他们内心情感与精神的某种需要。同时，陶人赋予陶器的艺术形式，也激发了人们对于美的享受与满足，唤醒了人们对于思维与情感寄托或依赖的那个客观世界的追问、了解与想象。更具有情感意义与价值的，当属"神明之器"——随葬明器的出现，特别是举世闻名的秦始皇陵中多达万余尊兵马俑的出土，简直将中国本土陶制雕塑群像的艺术生命力彰显到了极致。

第五，陶器的质地与工艺在不断探索中取得了飞跃发展。最顺理成章的是，随着陶器在质地与烧造工艺上的不断提升和进步，终于在东汉时期跨入了名副其实的瓷器时代。不过，在真正的瓷器时代到来之前，还需要经历一个比较漫长的原始瓷的蜕变过程。对此，遵照瓷器艺术发展规律及参考考古资料可知，虽然中国原始瓷的出现可以追溯到青铜时代，虽然早在山西夏县东下冯二里头文化遗址中就发现了原始瓷的瓷片标本，但是由于标本数量极少还不足以推论出这时已经进入到了瓷器时代；而当考古学家们在中国南北两地发掘出属于商周时期的原始瓷窑址及大量原始瓷标本后，人们终于可以信心满满地说中国原始瓷始于数千年前的殷商时代。至于原始瓷到底是如何出现的，根据考古资料同样可以得出这样一则揣想：殷商时期的一天，一位陶人在看守窑炉时睡过了头，以致一窑陶器经受了漫长的高温灼烧，出窑后发现竟比以往陶器结实而坚硬，这就是考古学家所谓的"原始瓷"。因此，我喜欢说瓷器的诞生就是因为陶器遭受高温灼烧，这种诠释虽然不甚全面、科学、严谨，但是这一直接缘故是多么的简单明了啊。我喜欢简单，譬如简单的生活方式与简单的工作规律让人感觉舒爽，而瓷器简单的成因同样让人们容易记住，这就足够了。不过，成因简单的瓷器在漫长的发展过程中，却产生了极不简单的变化与成就，以致成为泱泱5000年中华文明古国在异域人们口中的代名词——China！

确实，肇始于神州大地上的瓷器，作为与青铜器同属于高温母亲孕育生产的同胞兄弟，在诞生伊始也就是说原始瓷的时代，便与青铜器一同被早期奴隶主所供养，甚至成为这一统治阶层的权力、意志与威严的代名词。不过，青铜器与瓷器这兄弟俩虽然因为世人将之连称为"陶铸"一词并沿用至今，但是当它们携手同行至东汉时便开始分道扬镳了。

究其缘故，我们既不能鄙视青铜器的自甘堕落乃至最后竟消亡无寻，也不能斥责瓷器不甘心充当配角的僭越，特别是在春秋时期采取冒名顶替——

仿制青铜器造型的方式，将青铜器逐渐排挤出了历史舞台，因为现实生活中此消彼长的规律，同样适用于青铜与陶瓷这对艺术兄弟。

当然，孕育于高温母亲胚胎中的瓷器，还在肤色——以铁元素为着色剂的青釉上，酷似青铜器，故也称"青瓷"，并自东汉以降直到明清浙江的龙泉窑时，都不曾抛弃青瓷本色。而有趣的是，当青瓷在东汉时期独霸天下时，高温母亲又在湖南长沙窑为它生下了幺弟白瓷，只是这位幺弟自幼命途多舛，刚一降生便消歇无闻，直到数百年后的北齐并历经隋唐这漫长岁月之磨砺，才逐渐茁壮地成长起来。特别是当白瓷搬迁至河北邢窑定居后，终于积蓄起足以与盘踞在浙江越窑的青瓷相抗衡的雄厚实力，这就是今人所谓唐代中国瓷器"南青北白"的大好局面。

既然青瓷与白瓷已经平分天下，又都生活在兼容并包的大唐时代，兄弟俩便开始和睦相处，相互之间取长补短，不断增进情感（装饰造型）、交流技术（烧造工艺），使双方都获得了长足进步。随后，又恰似当年青铜与青瓷一样跻身于社会上层生活中，且在权力、意志与威严之外，又拓展到世人生活的方方面面，比如茶具、文具、玩具、乐器乃至陈设装饰等，真可以说无所不备、无所不有。

当然，无论是南方越窑青瓷还是北方邢窑白瓷，它们都在质地、形制与造型上赢得了时人钟爱。比如，细腻坚密的瓷胎远非陶器那种松散粗糙所能比，那饱满浑圆且精巧别致的形制也不是唐代以前的瓷器可比较，至于雍容大气的造型艺术简直可以用空前绝后来形容。特别是敢于借鉴外域文化特质并在本土文化底蕴中创造出来的新器型，更具有一种异国情调与华贵风尚，这不能不让世人赞叹唐人的气魄与唐瓷的风度。还需要专门指出的是，青瓷与白瓷兄弟俩的兴盛发达，并没有就此遮盖了老大哥陶器的再度辉煌，陶器凭借着挥洒酣畅的花釉、变化多端的绞胎及丰富绚丽的釉下彩，成功地创烧出了唐三彩，表现了大唐人勇于变革的精神风采。

虽然大唐瓷器取得了非同凡响的成就，虽然在"南青北白"这一主流之外，还出现了在青釉、白釉、黑釉、褐釉等不同的颜色釉上烧制出的彩瓷，开创了瓷器装饰艺术的新手法，尤其是标志着陶瓷发展史上一个新阶段的开始——

唐三彩的出现，但都不能与以"郁郁乎文哉"而著称的宋代瓷器相比肩，宋代虽以单色釉而闻名于世，但是那种高度发展的单色釉已经达到了空前绝后。比如，自创烧以来就被世人津津乐道的宋代五大名窑——汝、钧、官、哥、定，无一不独具特色、自有风韵，且将各自特色与风韵阐发到了极致。

如果说唐代瓷器有"南青北白"两个中心的话，那么宋代则是一个百花齐放的状态，各种瓷之间无论是在工艺、造型、釉色、装饰等方面，还是在烧造地域的分布上，都表现出了各具风格又相互交错的关联，从而达到了共同臻进的精神风貌与艺术境界。究其根底，我们不能不感谢书画皇帝宋徽宗赵佶，因为他对书画艺术的痴爱及对鼎彝古器的非凡鉴赏力，带动并培养了一个远比大唐王朝更为庞大兴盛的文化阶层，而正是由于这一阶层所发扬的礼仪之向往与复古之幽思，规避了瓷器的矫揉造作和过度雕饰，同时也使瓷器文化的审美取向趋向于质朴无华与平淡自然，甚至提升到了一个透彻了悟的哲理境界。因此，由宋代五大名窑所创烧的瓷器，无不追求胎质的洁净细润、釉色的单纯朴素和装饰的趣味高雅，从而将宋人讲求的神、趣、韵、味等文化品位，助推进了崭新的一代美学风神之中。

比如，面对钧瓷那犹如玫瑰或海棠一样撩人的红釉，谁能不心旌摇动、浮想联翩呢？如果有缘得见一两件灿若晚霞的窑变钧瓷，则完全要被那如行云流水一般的釉色所折服、倾倒了。还有汝窑"汁水莹润如堆脂"的质感，官窑那多层釉色如初夏梅子一样的翠绿晶润，哥窑那恰似泥鳅走泥丸般的"金丝铁线"，以及定窑那工整严谨的印花工艺，都成为后世向往追仿的仪态与风范。哪怕是向来不讨人喜欢的福建建窑所烧造的黑釉瓷器，也由于最具想象力与创造力的窑工们的反复实践，利用釉料中所含金属的氧化呈色原理及窑温火焰的机理作用，烧造出了极富变化的兔毫、鹧鸪斑、玳瑁等结晶釉与窑变釉，从而将原本只起到单纯保护色泽作用的釉层，演进为具有独立美学价值的欣赏地位，这无论如何也不是浅陋浮薄的玻璃釉所能望其项背的。否则，以宋徽宗酷爱斗茶的高情雅趣，是绝对不会在专著《大观茶论》中特别为其着墨的——"盏色贵青黑，玉毫条达者为上"。

至于属于白瓷系列的河北磁州窑，更是因为在白净釉色下刻画出一朵朵幽魅的黑色之花，从而为后来烧造出名扬世界的元青花开创了工艺技术上的先河。故此，即便我不是一个厚此薄彼者，也要放声歌颂宋瓷的不朽辉煌，因为这种不朽的辉煌并非只限于官窑，哪怕如今一些瓷器收藏者与瓷论家依然对宋代民窑怀有偏见与鄙视，但是我想提醒这些先生们（不知从何时起，德高望重的女人也被称为"先生"），所谓"官窑"也无非是从千百民窑中精选一二而已，何况两者之间只存精粗之别而无文野之分呢？

至于两者之间的审美意趣，更是不能将清雅与朴拙、精妙与粗犷、幽玄与澄澈等划分出高下优劣，否则宋瓷局面实在不能用繁花似锦来咏唱了。比如，属于宋代民窑的河北磁州窑所烧造的白瓷，就以豪放的绘画艺术风格与浓郁的生活气息纹饰，俘获了一贯讲求雅洁高傲的宋人之心，同时也赢得了与两宋五大名窑之——定窑齐名的声誉。再比如说磁州窑（也曾为"官窑"，但主要烧造时段还是属于民窑）在釉下彩绘工艺及笔绘图案技法方面，竟然还直接影响到了远在千里之外的江西吉州窑，这就不能不叹服宋代民窑强大的渗透影响力了。

既然宋代瓷器成就已经达到了登峰造极，那么紧随其后的元代瓷器又当如何突出重围呢？关于这一点，习惯骑在马背上奔突驰骋的游牧民族——蒙古人，并没有效仿先祖当年依靠剽悍武力与迅疾速度四面出击的方式，而是审时度势地攻其一点，这种看似必然的审时度势其实充满了偶然性。比如江西景德镇之成为自元代以降的中国制瓷中心，以及盛名震荡全球的元青花之成功烧造与引人注目。

确实，按说百花齐放的宋瓷局面顺延至元代不应该是一枝独秀，可是就连昔日声名远扬的宋代五大名窑也被景德镇青白瓷的乳浊釉色所遮盖，最后只能由其当仁不让地充任元代瓷器的唯一代表。深究宋代瓷器衰微与景德镇瓷器崛起之根由，除了大一统的战争严重摧残了宋瓷之外，就是在景德镇发现了最适宜烧造瓷器的原料——高岭土。当高岭土与瓷石在瓷人实践中形成"二元配方"后，中国瓷器向来"重釉轻胎"的故习被颠覆，也就是说在再一次提高烧造温度的条件下，旧日的软质瓷突然飞跃至硬质瓷时代，这不仅彻底根治了此前瓷器在烧造过程中容易变形的疵病，而且也为烧造出极具气势的大型瓷器提供了品质保障。仅此，我们可以毋庸置疑地承认景德镇之所以成为元代制瓷中心，很重要的一点就是因为在当地发现了高岭土这一偶然性。当然，景德镇稳居元代瓷器中心地位及名扬天下，还因为它成功烧造出了幽菁妩媚的釉下蓝彩瓷器——元青花。

追溯元青花烧造成功的根源，实在是又一个有趣而难解的偶然谜题。据考古资料证实，20世纪70年代在江苏扬州唐城遗址中发掘出唐代青花瓷碎片后，研究人员根据其洁净胎釉、烧制工艺及图案色泽等特征分析认为，这批唐青花瓷片应该出自河南巩县瓷窑，而巩县瓷窑正是当年因为烧制唐三彩才成为中国的著名瓷窑。

众所周知，青花瓷的呈色剂是一种学名叫作"苏麻离青"的钴料，而唐三彩中的蓝彩正是以钴料为呈色剂，也就是说早在唐代中国的瓷人或者说陶人已经懂得应用钴料作为陶瓷制品中的呈色剂了。如果有人嫌弃国人在陶瓷中使用钴料作为呈色剂的时间太晚的话，考古资料还可以提供出土于春秋战国时期墓葬中的陶胎琉璃珠为实证，因为这些琉璃珠上的蓝彩也是采用钴料作为呈色剂的。而非常奇怪的是，无论是春秋战国时期烧造出带有蓝彩的琉璃珠，还是唐代河南巩县瓷窑烧造出著名的唐三彩，都没能将中国蓝彩器的烧造工艺提升起来并传承下去，相反却两度中断了数百年乃至千年后才重现人间，否则如今在世界上扬名立万的不是春秋战国青花就是唐青花了。

让人感到更加莫名其妙的是，元青花成熟的烧造工艺并非承继以往任何朝代蓝彩器的烧造工艺，而是一种突如其来的天赐工艺，恰如景德镇青白瓷的成功烧造也非继承传统一样突然[1]。如果再进一步探究元青花呈色剂——钴料的使用源流，最顺理成章的追溯应该是从春秋战国那些带有蓝彩的琉璃珠或唐三彩中去寻求答案，可是事实与历史却告知人们元青花中的钴料并非产自中国本土，而是完全依赖从中东地区进口，这难道不让陶瓷研究者在感到匪夷所思中又滋生出强烈的探究欲望吗？

---

[1] 据考古资料证实，五代时期的景德镇瓷窑只烧造青瓷和白瓷，宋代时青瓷和白瓷却突然消失不见，代之而出的只有青白瓷，而元青花就是青白瓷系。

　　其实，梳理中国蓝彩器的烧造历史，虽然不能从那些带有蓝彩的琉璃珠中探知春秋战国时期钴料的确凿来源，但是至少应该在唐三彩上追索出一条极有价值的线索——大唐王朝高度繁盛的外交关系使盛产于波斯等中东国家的钴料能够极其顺利地进入中土。诚然，面对这条足以征信的钴料来源线索，人们只要简单点击一下一代天骄及其子孙最初对外疯狂扩张与定鼎大都（今北京）后开始兴盛起来的对外贸易史，便可以轻而易举地找到答案——元青花所用钴料全部进口自中东地区，只是自10世纪以降基本不曾间断烧制的中东青花瓷，由于当地瓷土胎质与釉色原料较差及烧造温度不高等缘故，始终不能达到中国青花瓷特别是元青花的品质水准。

　　于是，随着元朝中央政府继承两宋对外贸易旧制并进一步拓展市场之努力，又重新唤起了中东国家对中国青花瓷的大量需求与热烈追捧，促使元政府于至元十五年（1278）在景德镇设置了一个专门管理烧造官府所需瓷器（当然包括外销瓷）的"秩正九品"机构——浮梁瓷局。

　　既然景德镇瓷窑在原料、工艺、管理与销路这4个主要环节上毫无障碍，大量烧造青花瓷也就应该是水到渠成的事了。然而，如今囊括全球所有元青花藏品也不过区区300余件，而国内所藏这种极具幽魅品质的瓷中尤物更是少之又少。因此，当2005年7月12日一件元青花"鬼谷子下山图"罐在英国伦敦佳士得拍卖会上以1400万英镑创造亚洲艺术品全球拍卖价格最高纪录时，人们不能不引颈追问，元青花到底是怎样一种瓷中极品呢？

　　其实，世人瞩目追捧元青花只是近年来的事，尽管1929年英国人霍布逊通过对藏于英国达维特基金会一件带有元至正十一年（1351）题记的元青花云龙象耳瓶加以考释，并最早将元青花神秘莫测的魔力介绍给世人；尽管美国学者波普同样根据这件元青花与珍藏在伊朗阿特别尔寺及土耳其伊斯坦布尔博物馆的青花瓷进行比较研究后，于20世纪50年代初出版了两部专著向世人美荐中国元青花，并以这件元青花为标准器辨识出了一批元青花瓷器，但是他们的这些努力都没能引起人们足够的认识和重视。究其缘故，不是英美这两位学者在推介中国元青花的研究上隔靴搔痒，而是世人还没能认识到附着在元青花上的中国传统文化精粹——国画的不可言喻的深邃底蕴。直到又经过半个世纪中西文化的激烈碰撞与频繁交流，世人特别是外国人才逐渐感受到中国传统书画艺术之无穷魅力。于是，当钴料能够像墨汁一样在瓷人手中肆意挥洒时，景德镇青白瓷胎终于演进为中国最悠久书画艺术的一块未垦园地，而传统书画技法与制瓷工艺的结合，无疑是开创了中国陶瓷艺术的一个新纪元。

当然，元代瓷器成就除了名扬寰宇的青花之外，还有釉里红、青花釉里红、卵白釉、红釉、蓝釉等颜色釉的成功烧制，这种日渐成熟的各种呈色剂的陶瓷工艺，为明清两代创烧出缤纷绚丽的彩瓷提供了极其重要的技术支撑。只是，明清瓷器在对中国8000年陶瓷艺术加以总结时，除了工艺上部分继承与形制上稍加演绎之外，几乎没有什么值得后世继承并引以为傲的创新，特别是清代瓷器在造型上的一味模仿，简直是仿古不古、追雅反俗，至于偏好新奇精巧的"十全皇帝"乾隆更是将清代瓷器拖进了纤弱俗艳的时代牢笼，好在他承袭了父祖在紫禁城里开设烧造珐琅彩瓷的前例，以及加强了景德镇这个中国"瓷都"的中心地位，才使中国陶瓷艺术终于能够在粉彩与珐琅彩这两个代表性品种上画了一个比较圆满的句号。

仰韶文化人面鱼纹彩陶盆

——人面鱼纹　寓意诡秘

作为世界上四大未解谜题之一的人类起源问题，向来就是各国科学家最感兴趣的一个探究课题，即便英国大科学家达尔文的进化论已经深入人心，但是与他提出的"从猿到人"进化理论不合的观点依然存在。比如出土于中国西安半坡遗址中的一件陶器——人面鱼纹彩陶盆，就为人们提供了"从鱼到人"的科学猜想。那么，这是一件怎样的彩陶器呢？

现藏于中国国家博物馆的这件人面鱼纹彩陶盆，高16厘米，口径39.5厘米，属于新石器时期的仰韶文化遗物，也是国家一级文物。

仰韶文化，是指民国十年（1921）首次在河南渑池仰韶村发现的新石器时代文化遗址。关于这

人面鱼纹彩陶盆

此盆1955年出土于陕西省西安市半坡，一直以来是仰韶文化出土的最具代表性的文物。

西安半坡博物馆

西安半坡遗址是仰韶文化的村落遗址的典型代表,至今已有六七千年的历史。1957年在考古发掘的基础上,就地建成了西安半坡博物馆,是中国第一座新石器时代遗址博物馆。

一文化的分布范围,从目前已经发掘多达百余处的遗址中可以推知,是以关中、豫西与晋南为中心,西起甘肃与青海交界处,东至河南东部,北始内蒙古南部,南达湖北西北部。在分布如此广泛、面貌又不尽相同且年代差距较大的文化遗址范围内,学术界经过科学严谨的考证后,慎重地将其大略划分为西安半坡、陕县庙底沟、芮城西王村、安阳后岗、安阳大司空与郑州大河村6个类型。其中,西安半坡文化遗址等3个类型中还存在着地层叠压的关系,所以当20世纪50年代发掘西安半坡遗址时,这一科学考古活动很自然就引起了世界性轰动,而当考古学家在一次寻常性清理遗址居住区内瓮棺群的过程中,一座编号为W18的小孩瓮棺顶盖的发现引起了人们的高度重视,原来这个顶盖竟是一件绘有精美图案的彩色陶盆,即如今人们都已经比较熟知的中华国宝级文物——"寓人于鱼"的人面鱼纹彩陶盆。

这件以细泥红陶制成的彩陶盆,呈现砖红色,敞口卷唇,斜腹浅圆底,口沿上涂有黑彩,环绕陶盆内壁的是以黑彩绘制的两组对称图案,即人面纹与鱼纹。在两个人面纹图案中,人面呈圆形,头顶是一个高耸的三角形发髻或者说是头饰，额头部分的花纹左右相分，左边是黑色，右边则是一个黑白分明的半月形，似乎是借月亮圆缺这一此消彼长的自然规律来表示昼夜相分，这与以"阴阳鱼"形式描绘的鱼纹相互呼应，从而使这种意象具有了一种深不可测的寓意。

更为有趣的是，人面上的两只眼睛悠然自得地眯成了一条线，鼻子则皱成"⊥"形，这也许是因为嘴里衔着两条鱼或者人的两只耳朵被两条鱼衔住的缘故，反正整个图案显得既大胆又夸张，既写实又抽象。至于绘制在人面之间那两条同向追逐嬉戏的大鱼，无论是鱼头还是鱼身都被勾画成三角形，而鱼眼则是较为符合实际的圆形，这种图案化的鱼形纹倒也充满了律动感，特别是在斜长三角形的鱼身上，那种以交叉斜线构成的鱼鳞，以及用单斜线或平行线代表的尾鳍、背鳍与腹鳍，竟然也都显得生机盎然，趣味横生。

通观这件彩陶盆的整个构图，虽然图案显得简单拙朴，但是奇幻怪异的构图方式实在让人浮想联翩，哪怕其以人为主、以鱼为次的地位与层次清晰而分明，其中寓意依然是众说纷纭、莫衷一是。

首先，既然这件

仰韶文化彩陶双联瓶

此双联瓶为河南省郑州市大河村出土，现藏于大河村博物馆，高 20 厘米，口径 6.5 厘米。

彩陶盆是作为小孩瓮棺的顶盖而出土，那么它的实际用途是不言而喻的。确实，仰韶文化时期的氏族部落不仅组织形式比较固定，而且血缘观念也已深入人心，当一个氏族成员死去后，如何安葬他就成了这个氏族比较重要的一件事情。比如，成年男人死后必须安葬在公共墓地，表示他是这一氏族中的成员；而儿童则以瓮棺形式被埋葬在居住区或房屋下面，表示对儿童的关爱与怜悯；至于妇女和老人死去后，则有厚葬的风俗，以表示母系氏族社会对女性和老人的重视。所以，有关专家在考证后认为，将夭折儿童放在陶瓮中实行瓮棺葬制，是仰韶文化时期一种比较流行的习俗，因此这个人面鱼纹彩陶盆就是瓮棺的棺盖而已。

至于彩陶盆上人面鱼纹图案的含义，据《山海经》中一些地方有巫师"珥两蛇"的记载，有关专家便认为人面鱼纹图案就是巫师的"珥两鱼"，也就是说由巫师请鱼附体为夭折儿童招魂之意，这是第一种解释。第二种解释是，这一图案是先民的巫术仪式，表达了先民捕鱼的一种愿望。目前，学术界普遍认为仰韶文化时期虽然处在繁荣的母系氏族社会阶段，但是农业与畜牧业还不太发达，渔猎依然是他们不可或缺的谋生手段之一，这从半坡

半坡遗址出土鱼纹彩陶盆

高17厘米，口径31.5厘米，现藏于中国国家博物馆。

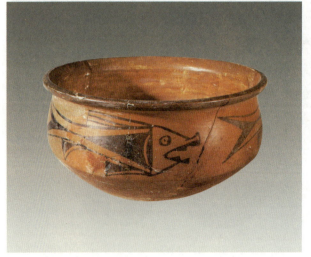

遗址出土的大量鱼叉、鱼钩及鱼坠等渔具中可得证实。既然这是巫术仪式，图案中人面鱼纹就极有可能是人们在祭祀时的一种装束形态，而变形的鱼纹很显然是代表了人格化的神灵——鱼神，当然这属于先民以鱼为图腾的一个主题。不过，在先秦典籍《诗经》和《周易》中有将鱼隐喻为"男女相合"之意，所以有专家学者便推衍说这种人面鱼纹图案虽然表示的是一种图腾，但是图腾的内容则是一种生殖崇拜，因为半坡文化属于母系氏族社会阶段，人们当时只知其母而不知其父，这一图案很显然表达的就是先民祈求繁衍生殖、族丁兴旺的良好意愿，这是第三种观点。

在以上三种解释之外，还有另外一种为大多数专家学者比较认可的观点，即这一人面鱼纹图案是"寓人于鱼"，也就是说它并非单纯的动物图腾，而是半坡人对动物图腾的一种人格化，含有"从鱼到人"的意思，换句话说就是先民追问人类的起源问题。

确实，人类很早就想知道自己是怎么来的，而由于科学的落后，人们在得不到正确认识的时候，便转而相信人是用泥土捏造之类的神话传说，这就是"神创论"产生的基础。不过，"神创论"也有东西方之分，在中国广为流传的是盘古开天辟地和女娲抟土造人。在国外也有相似的神话传说，比如在古埃及的神话中，人是由鹿面人身的神哈奴姆用泥土塑造而成，并与女神赫脱给这些泥人生命。在古希腊的神话中，普罗米修斯用泥土捏出了动物和人，又从天上偷来火种交给人类，并教会了人类使用火等生存技能。后来，神话传说被宗教所利用，成为宗教的经典教义，并衍变为"上帝造人"学说。

不管是中国的女娲抟土造人也好，还是西方世界的上帝造人也罢，这些神话和传说并非出于偶然，而是人们很想知道人类是怎么来的，由于不得其解才造出了"神创论"。不过，何时出现的传说则不得而知，想来在有文字之前就已经开始了。在山东省微山县出土的东汉时期的"鱼、猿、人"石刻画上，从右至左并排着鱼、猿、人的刻像，使人很自然地就会联想到"从鱼到人"的进化过程。18世纪法国博物学家乔治·布丰也曾指出，生命首先诞生于海洋，后来才发展到了陆地——生物在环境条件的影响下会发生变化，器官在不同的使用程度上也会发生变化，但是他并没有指出从鱼到人的演化关系。

指出从鱼到人的演化关系，并发表了名著《从鱼到人》的是美国古脊椎动物学家威廉·格雷戈里。1929年，他在著作中把人的面貌、构造与猿、猴等哺乳类及爬行类、两栖类动物相比较，并把人类的面形一直追溯到了鱼类。不过，由于当时获得的考古发掘材料有限，在演化过程中缺少的环节太多，就有人嫌弃他的说法不够充分，甚至指责他的某些看法是错误的。

试想，从鱼类出现的地质时代泥盆纪起到现在已有3.7亿年的漫长时间，要想把从鱼演化到人的所有环节都串联起来，实在不是一件容易的事。

正因如此，中国西安半坡人绘制的人面鱼纹图案，以及中国考古学家此后在甘肃等地发掘仰韶文化遗址中不断发现的人面鱼纹陶器，都为这一世界未解之谜提供了重要的环节证据。单从这一点上来说，首次在西安半坡遗址中出土这件人面鱼纹彩陶盆的意义就实在不可小觑，何况从中国陶瓷艺术方面而言还另有价值可以追述呢。

确实，在中国陶瓷艺术发展史上，仰韶文化时期特别是半坡文化阶段彩色陶器的发现，堪称是一件具有里程碑意义的重要事件。因为我们根据现有考古资料虽然还不能为最早陶器的烧制做出更多的确凿性诠释，但是仰韶文化时期的陶器，

乔治·布丰

法国博物学家乔治·布丰（1707—1788）的思想影响了之后两代博物学家，包括达尔文和拉马克。他最早引入了生物地理学的概念和原理，并研究了人和猿的相似之处，以及两者来自同一个祖先的可能性。

在属于新石器时代早期的裴李岗文化、磁山文化
及老官台文化时期陶器的基础上，显然有了极为
长足的发展和进步，这种进步不仅表现在器类与
数量的明显增加上，更彰显在彩色陶器的成功烧
造上。

　　所谓成功，并非是指仰韶文化时期先民创造发
明了彩陶的烧造技术，而是指他们熟练地掌握了
在打磨光滑的橙红色陶坯上用天然矿物颜料绘制
图案后入窑烧造的技术，并且无论是烧造工艺还
是绘画技术都已达到了相当完美的境地。比如，
考古学家在大约公元前 6000 年左右的河北武安磁
山文化遗址中发现的那块画有简单红色曲折纹的
彩陶片，不仅质地粗糙、陶质松散，而且图案也
太过于简单，更别说色彩运用在中国美术史上有
何重要价值了。而半坡遗址出土的这件人面鱼纹

彩陶盆，仅从胎质
细腻坚实这一方面
而言，就足以表明
半坡人已经能够熟
练控制彩陶的烧造
温度，否则在半坡
遗址中不会出土那
么多精美的彩陶器。

　　至于人面鱼纹
图案的绘制，除了
上面涉及的先民图
腾由简单的动物崇
拜进步到动物人格

仰韶文化半坡类型彩陶船形壶

　　高 15.6 厘米，长 24.8 厘米，
现藏于中国国家博物馆。泥质红
陶，壶体似船，造型别致，壶身
绘有网格纹，可能源于先民乘船
张网捕鱼的生活。

仰韶文化大河村遗址彩陶钵

　　大河村遗址位于郑州市的东北郊，发现于 1964 年，是一处包含有仰韶文化、龙山文化和夏商文化的大型古代聚落遗址。

化的图腾意义之外，其色彩的熟练运用与绘画技术的非写实手法等内容的体现，都在中国美术史上有着不言而喻的重要价值与贡献。关于这一点，诚如著名陶瓷学家宋伯胤先生所言："从磁山那片画彩陶片延续发展，相继出现的是仰韶文化、大汶口文化和马家窑文化的绚丽多姿的画彩陶器，其中最有代表性的是西安半坡出土的几只鱼纹罐、人面鱼网纹盆和大汶口出土的八角星纹陶豆。前者虽是取材于生活，但它没有受再现物体的限制，抛开鱼和人面外部表面的线条，而是在洞察本质的基础上，用极为简单的几笔就把所要描画的对象组织在一个简化的结构中，赋予观赏者一个'白马非马'的新概念。一部可供研究史前社会环境、意识形态和审美活动的中国彩陶历史，就是这样以它的简化性、实用性，对大自然的鉴赏力和审美观以及具有象征性的颜色而登上艺术殿堂的。"

　　这就是中国半坡人通过这件人面鱼纹彩陶盆带给现代人如何在现实生活中逐步走向更高文明的可贵启迪。

唐恭陵蓝釉灯

——蓝釉灯下　灼照千年

　　1998 年阳春三月，一架私人租用的专机由香港顺利抵达北京首都国际机场，接机者是一队全副武装的人民警察，被接者同样与众不同——原先只见于文献而今首次面世的国宝级文物——唐蓝釉灯。

　　那么，唐蓝釉灯是怎样一件文物？它来源于何处？又为何流落到香港？其间到底经历了怎样的传奇呢？

　　通高 33.6 厘米的蓝釉灯，俗称烛台，由灯盏、灯柱与灯座三部分组成。上面的灯盏小盘中心，立有一杯形烛钎，下面灯座呈高足豆状，微弧大盘下是喇叭形圈足，连接灯盏与灯座之间的是管状灯柱，其造型古朴而不失优美，整个器物通体施以蓝釉，釉色纯正，施釉均匀，通过没有施釉的圈足内壁可知，其为白色陶土胎质，胎质极为精细。如此高贵雅致的形态、

唐恭陵蓝釉灯

现藏于洛阳市博物馆。

质地与风范，堪称蓝彩器中的上乘佳作，非皇家莫属。

据有关专家考证说，烧制这种蓝彩器物的呈色剂是钴，这种原料并非本土所有，而是来源于波斯，大约是在唐代通过丝绸之路传入中国，是主要用于烧制唐三彩的一种装饰原料。既然钴属于来之不易的进口原料，而蓝釉器物又属低温烧制品，特别是上色极为不易，一旦上色成功便具有一种十分艳丽的色调感。因此，蓝彩不仅成为唐代名贵色彩，蓝彩釉也成为唐代陶瓷之新贵，且备受李唐王朝皇室贵族的青睐与宠爱。

确实，广采博收的唐代陶艺，既具有雍容华贵的大唐气象，又充满了一种异域情调，是后来名

唐恭陵

恭陵因是唐高宗的太子李弘的陵墓，故称"太子冢"。李弘675年暴毙，唐高宗将其追谥为"孝敬皇帝"，开创了太子死后追谥为皇帝的先例。该陵布局规整，是我国唐陵保存较好的一座。

扬世界的中国青花瓷器的发轫者。作为中国首次发现的通体蓝釉器物，蓝釉灯原本只见于文献记载，因此此次面世实在是一件石破天惊的大事，为世人探究中国陶瓷艺术发展提出了新的命题。

那么，被称为国宝文物的蓝釉灯是从何而来呢？

1998 年 1 月 21 日深夜，位于河南省偃师市缑氏镇滹沱村西南景山之巅的一处全国重点文物保护单位——唐恭陵，迎来了一场历时千年而不遇的大劫难，劫难制造者是几名疯狂的盗墓贼。在盗墓贼实施这场罪恶之前，我们不能不穿越时光隧道回到国人最引以为傲的大唐时代，不仅因为这座陵墓的主人是大唐王朝一位生前未能登坐龙庭的皇帝——太子李弘，盗墓贼盗掘出的国宝文物蓝釉灯出土于其中一座陪葬墓——太子妃园寝，而且在这盏蓝釉灯光照耀下还使一段隐藏了千年的历史谜题得以破解。

唐高宗上元元年 (674) 十一月，当朝皇帝李治与皇后武则天驾临神京洛阳，诏纳右卫将军裴居道之女为太子李弘之妃。没想到婚后第二年，年仅 24 岁的太子李弘就在合璧宫绮云殿离奇死亡。对于太子李弘的离奇死亡，当朝皇帝李治在极度悲愤中又显得无可奈何，只得追封太子李弘为"孝敬皇帝"，并按照皇帝规格将其隆重安葬在恭陵地宫中，希望以这种逝后哀荣的方式慰藉自己悲伤愤懑之心。

那么，青春年少的太子李弘是因何猝死的呢？原来，作为高宗皇帝李治的第五个儿子，太子李弘还是武则天的长子，而武则天正是因为儿子李弘的出生才母凭子贵，在险象环生的宫廷斗争中逐渐站稳脚跟，并最终战胜了皇后王氏和备受皇帝宠信的萧淑妃。然而，一跃而为皇后的武则天虽然非常疼爱自己的儿子李弘，但是却不能容忍任何人挑战她自身极度高傲的权威，哪怕是为她赢得宫廷斗争胜利的太子李弘。

出生于永徽三年 (652) 秋冬之交的李弘，第二年随母亲武则天入宫后被封为代王，到了永徽七年（656），李弘年仅 4 岁时就被册封为太子，11 岁时由父亲高宗皇帝李治带领上朝听政，在听取君臣议论朝政中学习理政之道，由此可见他是深受父亲高宗皇帝宠爱和器重的。据《唐历》中记载，太子李弘"仁孝英果，深为上所钟爱，自升为太子，敬礼大臣鸿儒之士，未尝有过"，

唐高宗李治

李治（628—683），字为善，唐朝第三任皇帝，唐太宗李世民第九子。唐代的版图，以高宗时为最大，东起朝鲜半岛，西临咸海，北包贝加尔湖，南至越南横山，维持了32年。

且性情温和、体质羸弱的他还为人正直、处事果断，颇具一代名君圣主的政治才干，因此也深得朝中大臣们的爱戴。

不过，仁孝、谦虚、温和、果敢的太子李弘，在年幼时对母亲武则天逐渐膨胀的权欲不甚明了，年长后则开始对母亲为了满足一己之欲不惜采取各种狠毒手段的做法表示不满，于是昔日亲密的母子关系逐渐产生裂隙与分歧，太子李弘终于因为机智解救两位同父异母的姐姐而为自己招致了杀身之祸。据史书记载，在武则天取得与皇后王氏及萧淑妃权力斗争的胜利后，原先依附皇后王氏及萧淑妃的人员都受到牵连，其中萧淑妃所生的义阳、宣城两位公主也在劫难逃，被常年幽禁在掖庭之中。

有一天，得知事情真相的太子李弘私下前往冷宫探望同父异母的这两位姐姐，并奏请父亲高宗皇帝李治赦免义阳和宣城两位公主。两位年过30岁的公主最终被允许出宫，嫁人后过上了幸福的生活。由此，太子李弘的这一做法被母亲武则天视为对自己权威的挑战，太子李弘就此卷入到了波谲云诡的宫廷斗争中，最终于上元二年（675）在跟随父皇母后驾临合璧宫时离奇猝死。

关于太子李弘的突然崩逝，世人多从北宋欧阳修编撰的《新唐书》之说，认为是武则天用药毒死了自己的亲生儿子。欧阳修在《新唐书·列传·第三》中曾这样写道：

上元二年，从幸合璧宫，遇鸩薨，年二十四。

随后，作者在《新唐书·本世纪·第三》中更是明确写道：

上元二年四月己亥，天皇杀皇太子。

欧阳修的这一说法是否可信呢？众所周知，宫廷斗争向来不缺少骨肉之间的相互残杀。比如，唐太宗李世民为争夺皇位发动玄武门之变，杀害手足兄弟；再比如，武则天在杀害太子李弘之后，派遣左金吾将军丘神绩前往巴州逼迫亲生儿子章怀太子李贤自杀；还比如，武则天当初为了与皇后王氏争宠曾亲手扼杀亲生女儿。所有这些都足以说明武则天这个权欲熏心的女人，为了扫清阻碍自己登上皇帝宝座的路障，她是绝对不能容忍挑战她权威的太子李弘的。

即便史学界对于太子李弘之死还存有死于肺痨病等不同说法，但是基于以上史实及当时高宗皇帝李治因病准备提前传位于太子等原因加以分析，武则天选择这个时候杀害即将登临皇位的太子李弘还是极有可能的，哪怕她不为实现自己登坐龙庭这一极度膨胀的权欲着想，也不能不考虑到一旦太子李弘当上皇帝后将会对她采取何种行动了。

另外，从太子李弘猝死后武则天

武则天

　　武则天（624—705），唐高宗时为皇后（655—683），尊号为天后，与唐高宗李治并称二圣，683—690年作为唐中宗、唐睿宗的皇太后临朝称制，后自立为武周皇帝（690—705）。

亲自为其在远离都城西安的河南偃师选择陵地，并组织朝廷大员为其修建极为豪华的陵墓等做法，人们似乎可以揣测武则天也许正是因为惧怕太子阴魂报复或心怀愧疚才有这些举动的。

据史料记载及后来事实证明，武则天虽然没有遵照太子李弘死后应该归葬关中"近侍昭陵"之旧制，并主张节俭殓葬建造太子李弘的恭陵，但是在具体修建过程中，武则天撤换了原先主持修建恭陵不力的蒲州刺史李仲寂，改由司农卿韦弘机接任，在韦弘机接任后因为修建工程过于浩大还出现过两次役夫逃亡事件，这都足以说明武则天对于修建恭陵的重视及恭陵建造之宏伟。确实，不同于乾陵与昭陵等唐陵"依山为陵"规制的恭陵，虽然是在平地上用红褐色泥土夯筑灵台，也就是所谓的"号墓为陵"，但是接任修建恭陵重任的韦弘机，不仅将当时正在龙门开凿石窟的

唐恭陵大门

诸多能工巧匠调来，对恭陵进行精心设计、严格施工，还从50公里外的嵩山伊河滩运来沙土，将这些沙土筛净后用铁锅炒干，再以鸡蛋清与小米汤调匀，最后才作为灵台封土夯垫覆在陵面上，这种既坚固耐损又防盗防水的灵台封土，使恭陵历经千余年的人为与自然损伤依然保存完好。据说，民国初年有一群来自南方的盗墓老贼，来到河南偃师境内准备盗掘位于景山之巅的恭陵，在恭陵南边刚刚挖掘出一个不深的盗洞，就突然听到"轰隆"一声闷响，站在盗洞周围的盗贼只见洞中冒出一股黄烟，随即盗洞便被泥沙封堵填平，洞中盗贼被干沙吞没无一生还，其他盗贼见状被吓得屁滚尿流、抱头鼠窜。

就恭陵现存规模来说，完成东西长164米、南北宽146米、残高23米的长形覆斗状封土灵台，以及周围12个门阙和角楼这一巨大工程，需要的沙土及人工，实在是一个令人瞠目结舌的数字。

除此之外，在边长440米呈正方形的恭陵四周，不仅有高大神墙围护，南神门外还有一条长800余米、宽达50余米的神道，神道两侧立有两列大型石刻——石像生，而这开创中原唐代帝陵石刻制度化先河的石刻组群，使整座陵墓显得更加规模宏大、气势雄伟。据说，当年朝廷为建造恭陵花费黄金达亿万两，并役使三省民工花费3年时间才得以修建竣工，如此庞大工程岂是武则天倡导节俭建陵之初衷？

布局极为严整的唐恭陵，由于地宫里埋葬的是生前未能登坐龙庭的太子李弘，故此当地人又俗称其为"太子冢"，如果不是陵墓一侧还竖立着一通高宗皇帝御制亲书的《孝敬皇帝睿德记》石碑，人们也许早就淡忘了这座名叫"景山"的大土堆，原来竟是一座唐代皇陵。

另外，位于"太子冢"东北50米处，还有一座俗称"娘娘冢"的方锥形土冢，里面埋葬的就是当年高宗皇帝与皇后武则天亲自为太子李弘诏纳的太子妃——右卫将军裴居道之女。原来，年轻的太子李弘突然死亡后，年纪更轻的太子妃于一年后也在蓝釉灯光的孤照下，忧郁恐惧而逝。几年后，这位太子妃被追谥为"哀皇后"附葬恭陵，是为如今的"娘娘冢"，并随葬有极为丰厚的祭品，其中包括后来被誉为国宝文物的蓝釉灯等在内的诸多名贵蓝彩器。然而，令人感到十分遗憾的是，同样建造得极为坚固且防水防盗的

太子冢和娘娘冢

景深远处的土堆为娘娘冢。

恭陵附葬墓——"娘娘冢"，却在1300多年后的1998年春节前夕，被一伙盗墓贼盗掘一空，致使诸多随葬珍宝散失损毁殆尽。

那么，这伙盗墓贼到底是如何盗掘"娘娘冢"的？被盗的国宝文物蓝釉灯等极为名贵的唐代蓝彩器到底有多少？它们被盗卖后是否还能够完璧归赵呢？

1998年2月15日上午，一直忙于欢度春节的一名业余护陵员，终于在节后来到恭陵地界进行常规巡查。突然，他发现"娘娘冢"南侧有明显的白灰痕迹，遂循着痕迹大步而仔细地搜寻下去，结果在"娘娘冢"前找到了白灰源头——盗洞！

这一发现让业余护陵员大惊失色，他随即将这一情况向偃师市文物管理委员会办公室主任樊有升做了汇报。当时，樊有升正陪同洛阳市文物局副局长郭引强一行在偃师检查工作，两人经过短暂协商后一边派人向偃师市公安局报案，一边驱车直接赶往被盗现场进行察看。来到恭陵后，经过细致勘查发现，哀皇后的"娘娘冢"已经被炸药炸开一个硕大盗洞，洞口边散落着爆破雷管及用于进入盗洞照明的电池等物品。

偃师市公安人员赶到现场后，随即进入盗洞进行勘查，发现"娘娘冢"墓室内除了残存一些破碎陶俑与唐三彩碎片外，可以说是被盗掘一空，这让到场的文物专家深为叹息与愤怒。当即，文物专家与公安人员在"娘娘冢"被盗现场成立了"2·15"唐恭陵文物被盗专案组，并考虑到被盗文物有被盗卖出境的可能，一边派遣人员与海关部门协同控制文物出境，一边布置警力在周边村镇进行地毯式的重点排查，同时还将这一重大情况逐级上报。

时任中共中央政治局委员、国务委员的李铁映，以及中共河南省委书记马忠臣与省公安厅领导，得知全国重点文物保护单位唐恭陵被盗后，当即做出重要批示，要求河南警方不惜一切代价从速破案，坚决追缴文物以挽回影响。

4天后，细致的排查工作终于有了重大进展，偃师市刑警大队副大队长李全安获得一条重要信息：洛阳市山化乡汤泉村的刘江海、刘克军兄弟二人近日不仅出手阔绰，流露出财大气粗、一夜暴富的迹象，而且有人反映说他们在春节前后曾询问过文物买卖行情。李全安迅速向专案组指挥部进行汇报，并遵照指挥部指示带领两名侦查员秘密进入汤泉村调查情况。直到深夜11时许，李全安等人终于侦知犯罪嫌疑人刘江海刚刚回到家中，随即专案组指派由30多名刑警与特警组成的特别行动小组，直接奔赴汤泉村对刘江海实施抓捕。

犯罪嫌疑人刘江海被成功抓获后，经连夜突审终于交代了盗墓经过：1998年1月21日，盗墓贼张少侠联络许尔兴、刘克军、宋彦军、范为民等人来到汤泉村村民刘江海家中聚集，秘密谋划盗掘唐恭陵陵区内的哀皇后墓，声称这座"娘娘冢"内陪葬有大量珍宝，这使在场的人都不由兴奋得蠢蠢欲动，于是一场罪恶便从当日深夜开始了。

在距离春节不足一个星期的漆黑夜晚，张少侠等人带上早已准备好的探铲、铁锹、耙子、竹竿、绳索和手电筒等盗墓工具，驾驶一辆机动车来到"娘

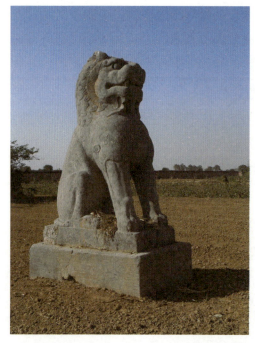

唐恭陵神道旁的立狮

娘家"前，经过短暂选择便从墓地南侧挖掘起来。由于"娘娘冢"修造得极为坚固，几个盗墓贼接连三个夜晚的拼命盗掘，也没能掘出一个足够进入墓室的盗洞。随即，采取炸药爆破的盗墓计划，在盗墓老贼张少侠脑海中形成。

于是，这几名盗墓贼经过一番筹备后，终于在1月30日这个大年初三的夜晚，携带电线、炸药、雷管、引爆器及探铲等作案工具，再次来到"娘娘冢"前。随着一声恰似受潮鞭炮炸裂的沉闷声响，哀皇后墓被炸开一个硕大洞穴，但是几名盗墓贼并没有当即深入洞穴盗宝，而是狡猾地迅速消失在茫茫夜色中。

次日深夜，盗墓老贼张少侠等人见爆炸声并没有引起村民们的注意，便又来到"娘娘冢"前准备实施盗墓取宝。不料，这时他们才发现被炸开的洞穴并没能深入到墓室中，遂决定几天后再次对"娘娘冢"实施爆破。

2月4日深夜，盗墓老贼张少侠等人对"娘娘冢"实施第二次坑洞爆破，致使这座千年古墓遭到了极为严重的破坏。随即，他们与新纠集来的黄健刚、杨清斌等人，深入墓穴盗挖取宝。据盗墓贼刘江海交代说，几名盗墓贼经过一个多小时的挖掘，突然听到盗墓老贼张少侠发出一声几近疯狂的低声吼叫："挖到了！挖到了！"

众盗墓贼急忙围拢过去观看，只见盗墓老贼张少侠手中果然拿着一件器物，这件器物在夜色中竟然闪动着一抹晶莹剔透的蓝色光亮，随即幽蓝光亮又迅速消失在盗墓老贼张少侠胸前，原来他把这件宝贝塞进了自己的怀中。于是，众盗墓贼都趴在盗洞中开始疯狂盗挖，诸如彩绘陶俑、瓷壶与瓷罐等唐代器物被他们——挖出，最终竟从"娘娘冢"里盗挖出 64 件珍宝，并于当夜潜回到同伙刘江海家中，将这些珍宝分类进行打包装箱，然后交给张少侠藏匿以便联系买主。

听闻盗墓贼刘江海的供述，文物专家认为出土于唐代哀皇后"娘娘冢"里那件在夜色中闪烁着幽蓝光亮的器物，极有可能就是只见文献记载而从不见实物的蓝釉灯。如果说被盗墓老贼张少侠挖出后曾时常从怀中拿出来把玩的正是蓝釉灯的话，那将是中国文物考古学界发现唐代通体蓝釉器物的第一次，这对于考古学家及陶瓷研究者而言具有极为非凡的重要意义。

随着盗墓老贼张少侠的落网，国宝文物蓝釉灯等一大批唐代蓝彩器的面纱终于被揭开。据张少侠供述，他们将盗掘"娘娘冢"所得文物全部卖给了洛阳本地文物商贩王某和一名持有澳门护照名叫阿然的人。其中，包括他本人最看重的蓝釉灯在内共有 31 件文物被阿然买走。至于阿然，除了知道其本名叫陈正贤外，其他信息一无所知。不过，专案组根据盗墓老贼张少侠提供的阿然与他联系的一个手机号码，调查得知这个手机号码的注册地虽然在广东深圳，但是阿然本人目前却正在河南郑州。

于是，专案组侦查人员在洛阳市公安局刑侦支队政委李小选的亲自带领下立即赶赴郑州，并根据盗墓老贼张少侠交代的当时阿然等两个人驾驶着一辆白色面包车拉了 31 件文物的线索，顺利地将阿然和另一涉案人员张某一举抓获。

经过 6 个小时的突击审讯，阿然交代说他已经将所有文物都倒卖给一个名叫"老于"的人，其中蓝釉灯也以 36.6 万元港币出售了。鉴于阿然所得赃款中有港币这一线索，专案组感到蓝釉灯等文物有可能已经被倒卖出境，随即派员于 2 月 26 日专程赶赴北京，请求公安部协助追查被倒卖文物的下落。与此同时，专案组还在北京市公安局协助下，查出"老于"的手机注册地在天津，随即奔赴天津将"老于"顺利抓获。

唐恭陵神道旁的石翁仲

随后，真名于润明的"老于"供述说，他是在北京首都大酒店从阿然手中收购的这批文物，其中少部分转卖给了北京和天津的一些文物商贩，而国宝级文物蓝釉灯和大部分比较贵重的文物则卖给了香港人翟某。于是，专案组经向公安部请示并动用国际刑警，经过连续 7 天的不懈追缴，终于追回了 24 件被盗文物，并抓获多名犯罪嫌疑人。

专案组在北京接连抓获犯罪嫌疑人及追回诸多被盗文物的消息，很快被远在香港的翟某获知，他深感这是一件非比寻常的文物大案，于是他想方设法远渡重洋以高价收回已经倒卖到国外的部分文物，还租用专机将国宝文物蓝釉灯等一并派人送还中国内地，这就是文章开头在北京首都国际机场出现与众不同接机者一幕场景的原因。

随后，文物专家对被收回的 61 件被盗文物进行鉴定，其中国家一级文物 19 件、二级文物 30 件、三级文物 12 件，这些珍贵文物都是唐代社会生活的形象载体，是研究唐代经济、政治和文化的重要实物资料，特别是研究唐代习俗、墓葬制度、服装服饰，以及雕塑和陶瓷的烧制、施釉及彩绘工艺的珍贵资料，具有极高的历史价值和艺术价值。比如，一件被盗的"马上人"彩色陶俑在文物黑市上就价值 1000 多万元人民币，那件蓝釉灯更是代表了中国初唐时期陶瓷艺术的最高水平，61 件文物件件都是难得的国宝！

有鉴于此，文物部门立即组织专家对被盗掘的"娘娘冢"进行抢救性发掘，又清理出土了 189 件文物。特别是一大批精致华美、亮丽如新的蓝彩器的出土，比如红釉双龙尊、蓝釉长颈瓶、盘口壶、葫芦瓶及盂、盆、罐、香炉等，进一步证明了唐代蓝彩器对后世青花瓷的深远影响，不仅具有一定的民族艺术倾向，体现出了一种特有的民族意识，而且还使其在世界陶瓷工艺史上散发出极为浓郁的民族工艺芳香。至于这批历经劫难的唐代文物中的佼佼者——蓝釉灯，如今已经成为河南洛阳市博物馆的镇馆之宝，在馆舍中闪烁出一种特有的幽蓝光芒，似乎是在向观众诉说着那段沧桑的历史和残酷的现实。

1998 年 10 月 1 日，11 名盗墓贼在唐恭陵前被正法，至此"2·15"唐恭陵特大文物被盗案顺利告破，但是现实引起人们的深思还远没有结束。

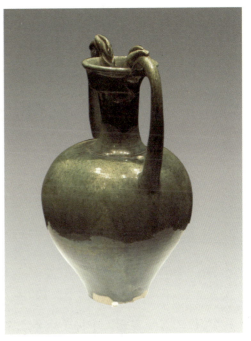

唐恭陵哀皇后墓出土的蓝釉双龙瓶

唐越窑海棠式瓷碗

——秘色越器　金玉满堂

唐代著名诗人陆龟蒙有一首《秘色越器》的诗：

九秋风露越窑开，夺得千峰翠色来。
好向中宵盛沆瀣，共嵇中散斗遗杯。

所谓"秘色"瓷，是指浙江越州窑所烧造的一种瓷器，可是后人为何越解释越神秘，乃至到了近代竟然连秘色瓷为何物也糊涂不清了呢？如果要是追究这一混淆视听责任的话，似乎可以追溯到南宋文人周辉在《清波杂志》中之滥觞：

越上秘色瓷，钱氏有国日，贡奉之物，不得臣下用，故曰秘色。

很显然，越窑瓷器早在唐代就有秘色之称，而南宋文人周辉为何将此名头安在五代吴越国君钱镠的身上，难道他不知道早在唐代就有越窑秘色之称吗？遗憾的是，南宋周辉之说随后开始讹传起来，虽然赵德麟的《侯鲭录》、赵彦卫的《云麓漫钞》、曾慥的《高斋漫录》及嘉泰年间的《会稽志》等文献中都对周辉之说提出过异议，但是这种讹传依然在后世盛行不衰，好在千年迷雾终于在 1987 年得以散去。

法门寺真身宝塔

法门寺位于陕西省宝鸡市扶
风县城北 10 公里处的法门镇，
始建于东汉末年恒灵年间，距今
约有 1700 多年历史，法门寺的
真身宝塔几经损毁，最近一次是
1981 年在大雨中崩塌，于 1988
年重修竣工。

那么，到底是什么样的机缘让人们得以解开越窑秘色之谜，现藏上海博物馆的这件越窑海棠式瓷碗又体现出秘色瓷怎样瑰丽的秘色呢？

1981 年 8 月，一场百年罕见的特大暴雨向三秦大地侵袭而来，按说这应该不是一个暴雨成灾的季节，可是天公似乎另有企图。果然，位于陕西省扶风县城以北约 10 公里处的法门镇上，文献记载中国境内供奉有佛祖释迦牟尼真身舍利的四大名刹之一——法门寺这座千年古刹竟然在这场特大暴雨中轰然坍塌了。而最让寺庙僧徒与民众惊恐万状的是，坍塌的不仅恰恰是众多古建筑中那座供奉有佛祖真身舍利的唐代宝塔，而且宝塔竟然是由塔顶至塔基从中间一劈两半！

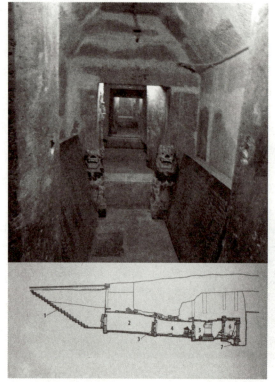

法门寺地宫及结构图

法门寺地宫共分7层，发掘时，从梯级下去为1层，然后第2及第3、4、5层都放置了大量文物，到第6层则放置佛教珍贵文物，第7层安放的就是佛陀的趾骨舍利（被装在一个小巧的白玉棺内）。

消息传来，陕西省考古研究所的专家们敏感地意识到，这将是一次具有重大意义的考古行动，因此即便是在深夜时分得知这一消息，他们还是紧急派遣人员赶赴法门寺，以保护宝塔坍塌现场的文物安全。

果然，随着考古清理工作的顺利进展，考古专家在地宫第二道石门前有了重大发现——两通刻有唐懿宗咸通十五年（874）这样明确纪年的石碑：一通石碑上记载着印度阿育王将佛骨舍利赠送给法门寺及佛骨被供养的史实；另一通石碑记录着"监送真身使随真身供养道具及金银宝器衣物帐"，也就是记载宝塔地宫内当年所藏宝物的一份清单。

在昏暗光线的照耀下，法门寺地宫考古发掘主持人韩伟先生极力辨识着两通石碑上的千年文字，随着模糊的文字被他逐一辨识出来，一阵阵惊喜也随之涌上心头，特别是看到"秘色瓷碗七口，秘色瓷盘（碟）子共六枚"等字样时，他再也按捺不住自己的激动心情：难道传说千年的秘色瓷器将要在自己的见证下重见天日？

果然，随着考古发掘工作的不断深入，一摞细腻精致的淡粉绿色瓷盘碗闯入韩伟先生那双已显疲累但依旧明亮的眼睛里。细细清点果如记账碑上所记——不多不少正好13件！

就在韩伟先生为自己有幸发掘出千年秘色瓷而兴奋不已时，一件胎质、釉色与那13件秘色瓷丝毫不爽的八棱净水瓶，在地宫前室与中室连接处的甬道中被发掘出来，也就是说法门寺地宫中一共出土了14件秘色瓷。由此，自南宋以降人们一般认为秘色瓷出现在五代时期的迷雾，终于被陕西扶风法门寺地宫中出土的这14件唐代秘色瓷所驱散。

千年迷雾散去,陶瓷专家却有如梦初醒的感觉,因为传说中的秘色瓷原来并不神秘，它其实就是越窑青瓷中的极品而已，这在陕西唐代墓葬与浙江杭州吴越国钱氏家族墓葬中都有发现，北京故宫博物院陶瓷专家也曾在越窑遗址上采集到秘色瓷的样本——原来秘色瓷就在人们身边。

法门寺地宫出土越窑八棱净水瓶

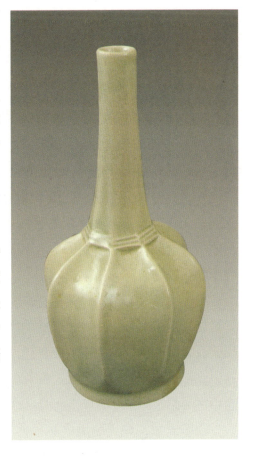

早在唐代便出现"南青北白"之局面的中国陶瓷业，就是以南方越窑青瓷与北方邢窑白瓷为代表而著称于世的。不过，关于越窑烧造瓷器的历史，一直可以追溯到1800多年前的东汉时期，那时居住在今天浙江境内绍兴、上虞及余姚等地的古越族人，便懂得利用这里丰富的瓷土、木材与水力资源烧造出精美瓷器，直到宋代被龙泉窑所取代为止，制瓷历史竟然长达千年之久。至于到了政治安定、经济繁荣、文化昌盛的唐代，越窑经过三国、两晋与南北朝这长期不间断的发展，烧造青瓷已经达到了一个历史高峰。

比如，唐人陆羽在《茶经》中就对越窑青瓷有着这样的评价：

> 碗：越州上，鼎州次，婺州次，岳州次，寿州次，或以邢州处越州上，殊为不然。邢瓷类银，越瓷类玉，邢不如越一也；邢瓷类雪，越瓷类冰，邢不如越二也；邢瓷白而茶色丹，越瓷青而茶色绿，邢不如越三也。

由此可见，越窑青瓷在唐代便深受人们的喜爱与青睐，越窑青瓷茶碗甚至被陆羽奉为天下第一，如此也就难怪明清人发出"李唐越器人间无"的喟叹了。那么，越窑青瓷是如何烧造出来的？它到底有何非同凡响的品质而被后世称为秘色呢？

越窑，其实就是越州窑的简称。据《景德镇陶录》记载：

> 越窑，越州所烧，始于唐，即今浙江绍兴府，在隋唐曰越州。

也就是说，以产地命名瓷窑与瓷器的历史，并不像人们普遍认为的那样是从宋代才开始的。至于越窑烧造青瓷之成功，不仅因为越州盛产高品质瓷土及拥有丰富的木材与水力资源，更主要的是越人发明了比较先进的窑炉结构——龙窑。所谓"龙窑"，就是依照山势走向砌筑成长达数十米的隧道炉窑。在这种长长的龙窑身上，越人不仅聪明地在其前面设有火膛，在其后面设置烟囱，而且在其身上还开有许多个投柴孔，当火膛点火后便由投柴孔自前往后依次投入柴火，由于火势是自下而上地燃烧，所以窑炉内各个部位的受热程度就比较均匀。

另外，越人为了随时观察窑炉内烧造瓷器的成熟程度，更是创造性地在火膛处置放火照——用瓷土做成的样本，当火照烧造成熟后便表示可以封闭投柴孔，从而使窑炉内形成一种还原气氛。之所以如此，是因为越窑青瓷是在以高品质瓷土制成瓷胎后，便施以氧化铁为着色剂的石灰釉，然后放入龙窑中在高温还原条件下烧造而成。

众所周知，炉火的燃烧必须要有氧气，而封闭投柴孔的窑炉内便十分

依山势走向砌筑成的龙窑

缺氧，但是这时炉火并未彻底熄灭，于是瓷釉里氧化铁中的氧元素便被夺取，从而形成了呈美丽青色的氧化亚铁。当然，如果不封闭投柴孔或投柴孔封闭不严，当窑炉熄灭后便有大量氧气进入炉中，这样就造成了釉面的二次氧化，所烧造出的瓷器就会青中泛黄或者烧成黄釉。有趣的是，越窑青瓷正是因为氧化铁在龙窑内不完全还原而呈现出一种青黄色，这本是越窑青瓷的缺陷，却有一种意想不到的艺术效果，从而形成唐代越窑的独特风格，而后人更是将这种釉色称为"艾色"。

比如，现藏于上海博物馆的越窑海棠式瓷碗，从其造型与釉色上来考量，它应该是晚唐时期的越窑之作。确实，在这件敞口、斜腹、圈足外撇

上海博物馆藏越窑海棠式瓷碗

的越窑瓷碗上，通体施的就是一种青黄色釉，但是釉色却显得极为精美不俗。至于其造型，这件高 10.8 厘米、口径最大处 32.2 厘米、最小处 23.2 厘米的越窑瓷碗，应该属于一种仿生造型——海棠花，碗壁外侧有四条浅棱，口沿处稍微内收，腹壁则呈弧线下收，圈足底部还设有花瓣形缺口，整体造型线条丰满、圆润而流畅，酷似一朵盛开的四瓣海棠花。

人们知道，海棠花因为在秋天开放最盛，所以又有"秋海棠"之称。其为多年生常绿草本花木，突出特征是通常有 4 片瓣状被片，两大两小，色彩丰富，显得浪漫而不俗。确实，作为中国古代工艺品上常用的吉祥造型与图案，因为"棠"与"堂"谐音的缘故，海棠花还有"富贵满堂"或"金玉满堂"的美好寓意。至于以海棠花作为碗、洗、杯、盂等器物之造型，则是唐代越窑之独创，特别是在晚唐至五代时期的越窑青瓷中，更是屡见不鲜。那么，越窑青瓷何来"秘色"之称呢？

周辉在《清波杂志》中虽然误将秘色瓷盛行于唐代说成是五代，但是其所谓"（秘色瓷）贡奉之物，不得臣下用，故曰秘色"，还是有一定道理的。试想，既然越窑青瓷被规定为李唐皇室的专用器物，连朝廷大臣都不得随便使用，那民间百姓更是不能窥见这种瓷器之真面目了，这难道还不够"秘色"吗？

另外，性质类似于明清御窑的唐代越窑，在烧造"贡奉之物"的皇室用瓷时，其制作及烧造工艺自然要求精细，非具有熟练掌握制坯、施釉及烧造工艺者是不能在越窑工作的，特别是釉料配方等更是不得外传的秘方，否则青翠、匀净的釉色岂不泛滥开来，如此又有何秘色可言呢？再则，越窑瓷器的名称也不似宋代那样随类赋彩称之为青瓷，而是偏偏用一个"秘"字命名，实在是让后人费了千年脑筋。

让后人颇费脑筋的还有越窑秘色瓷的具体产地问题，因为越窑之所以成为一个著名窑系，并不是单指某一处瓷窑烧造出名瓷便可成就的，而是需要在瓷土胎质、釉色成分、制作工艺、装饰风格及烧造技术等方面都基本一致的一大批瓷窑才能建立。也就是说，著名的越窑青瓷有诸多瓷窑都能烧造，而驰名中外的秘色瓷到底是何处瓷窑烧造的呢？

考古资料表明，烧造越窑青瓷的瓷窑主要分布在浙江的上虞、余姚、绍兴及宁波等地，尤以上虞和余姚为中心，烧造青瓷产业也最为兴盛。当然，越窑自东汉创烧青瓷至唐代出现秘色瓷，其间不仅烧造技术历经千年之发展，瓷窑范围也在逐渐扩大，特别是在唐代可以说是瓷窑林立。比如，继以上几地建立越窑后，在浙江境内又有诸暨、镇海、奉化、临海与黄岩

越窑青釉直颈瓶

高22.4厘米，口径2.3厘米，足径7.3厘米，通体施青釉，釉色莹润细腻，发色纯正，为晚唐烧制的越窑精品，现藏于北京故宫博物院。

等地建有窑场，从而形成了一个庞大的越窑瓷系，所烧造的青瓷更是品种丰富、产量大增，至于产品的瓷胎质量、釉色花纹等方面，人们仅从成功烧造出秘色瓷这一点上便可得知。

浙江省宁波市上林湖景区越窑遗址

上林湖一带烧制青瓷的历史悠久，可追溯到东汉晚期，经两晋、隋唐，直至南宋才停烧，有千年之久。

不过，唐代诗人陆龟蒙在《秘色越器》一诗中赞美的秘色瓷烧造地，经专家学者从文献及实地等多方面考证得知，应该是指位于浙江余姚上林湖一带的越窑。

确实，位于余姚城东北约30公里处的上林湖，就在浙江省著名风景区栲栳山的北麓，它是一个南北走向的天然湖泊，面积约有177万平方米，不仅瓷土资源优质丰富，而且烧窑所用木材更属上好，因此考古人员在上林湖东西两岸发现十分密集的越窑遗址，便是理所当然的事了。特别是考古人员所采集到的越窑青瓷样本，经权威机构用科学方法检验其成分，发现与秘色瓷标准器完全一致，这就足以说明上林湖正是传说千年的秘色瓷之故乡。

仅此，足矣。

唐三彩驼载奏乐俑
——唐有三彩　乐奏四方

作为近万年中国陶瓷艺术史上极为璀璨夺目的一朵奇葩——唐三彩，为世人所识却仅仅是一百年前的事情。对此，晚清著名金石学家罗振玉在《古明器图录》序中有这样一段文字为证：

罗振玉《古明器图录》书影

明器指的是古代人们下葬时带入地下的随葬器物，即冥器。罗振玉一生致力于古代文献和古器物的搜集、保护、刊印、流传，《古明器图录》所辑录之明器，多出自罗氏所藏。

光绪丁未冬，予在京师，始得古俑二于厂肆。肆估言俑出中州古冢中，盖有年矣。鬻古者取他珍物而皆舍是。此购他物以为賸者，不知可贸钱也。予具告以墟墓间物，无一不可资考古，并语以古俑外有他明器者，为我毕致之。估请明器之目，适案头有《唐会要》，检示之，估诺诺而去。明年春，复挟诸明器来，则俑以外，伎乐、田宅、车马、井灶、杵臼、牲畜诸物略备矣。予亟厚值酬之。此为古明器见于人间之始。是时海内外好古之士，尚无知者，厂估既得厚偿，则大索之芒洛间，于是丘墓间物遂充斥都市。顾中

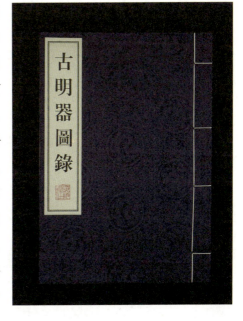

朝士夫无留意者，海外人士争购焉。

由此可知，唐三彩的发现过程及成为中外藏家之珍爱，与清廷国子监祭酒王懿荣发现甲骨文有着异曲同工之妙。更为相似的是，罗振玉与王懿荣都是因为学术研究而发现、购藏并在不自觉中推崇了唐三彩与甲骨文，从而使唐三彩与甲骨文开始在古董商及藏家之间风靡，但是两人后来又都因国家发生重大变故而使所藏遭受劫难，这相同的情况至今想来还让人深感遗恨。

清同治五年（1866）农历六月二十八日出生在江苏淮安的罗振玉，乳名玉麟，初名宝钰，后改振钰字式如，又改振玉字叔蕴，号雪堂，晚号贞松老人，还因其祖籍浙江上虞永丰乡，遂自称永丰乡人。罗振玉自幼体弱多病，但是他在16岁时仍以全县第七名的成绩考中秀才，只是他不喜欢"时文绳墨"，偏对金石文史极为痴迷，乡试不第后遂绝意科举，后来曾当过私塾先生，中日甲午海战后向心西学，渴望以西方先进的科学技术特别是农业技术来强国富民，虽然为此进行了一系列的努力，也取得过非凡的成就，但是他仍以金石学家而名世。

罗振玉17岁时就因校订《金石萃编》而为时人所称道，随后又以考证精审的诸多著述受到国内学界一些巨擘的垂青，诸如他的《读碑小笺》《存拙斋札疏》《眼学偶得》《五史校议》《面城精舍集文甲乙编》等，特别是《存拙斋札疏》不仅得

罗振玉

罗振玉（1866—1940），字叔蕴，号雪堂，晚号贞松老人，金石学家。在甲骨文和敦煌写卷研究上做出了杰出的贡献，与董作宾、王国维、郭沫若并称为"甲骨四堂"。

到当时学界鸿儒汪士铎为之作跋，而且还被国学大师俞樾老先生摘录其中精妙之语编入自己的《茶香室笔记》中，成为当时中国文坛上的一段趣闻佳话。

具体到罗振玉首推唐三彩进入藏家与学人秘匣中事，从以上引文及参阅相关资料可得这样一个轮廓：清光绪丁未（1907）以前，在朝廷修筑开封至洛阳之间一段铁路的过程中，位于洛阳城北"少闲土"的邙山因为"尽是洛阳人旧墓"，而使大批唐代古墓被冰冷无情的机械所掘开，墓中珍宝引得盗墓贼与古董商蜂拥而至。但是，他们盗掘搜罗的都是一些金银珠宝玉石之类，对于当时不为人知且他们自以为还不如宋、元、明、清瓷器珍贵的唐三彩陶器，简直是不屑一顾地弃之如敝屣，不是随手丢进被他们践踏得一片狼藉之墓穴中，就是干脆摔他个粉身碎骨、陶片纷飞，即便有些唐三彩能够以整器出现在京城琉璃厂古玩街上，那也是被古董商当作"滕者"廉价出售的，何况国人还极端忌讳将原本属于死人的随葬品——明器购藏在自己家中呢？

于是，当罗振玉以独特学术眼光发现并重金求购唐三彩之后，这种三彩陶器遂成为古董商及收藏家们抢购珍藏的瑰宝，特别是没有国人那种忌讳又痴爱中华古物的外国人，更因资财雄厚而使这种陶器的身价见风陡涨。

至于唐三彩之名，因为史书中从无明文记载，人们便依据这种陶器上惯见的黄、白、绿或黄、绿、蓝三种釉色，就径直地称之为"唐三彩"并令它以此名扬世界了。那么，唐三彩是源自哪座名窑的哪种釉色陶器？它是因何而烧造？具体到现藏于陕西省博物馆的这件唐三彩驼载奏乐俑又能体现出唐三彩哪些鲜明特点呢？

要想解决以上疑问，首先应该明晰何谓"唐三彩"。

统而言之，唐三彩是指唐代烧造的低温铅釉釉下彩陶制明器。由此，我们可以从低温铅釉、釉下彩与陶制明器这三个关键词来追溯、解析唐三彩的来源及特色。

第一，唐三彩不同于以前朝代所产的低温陶器，它的胎体采用白色黏土（高岭土）制成，而要想制作出这种高质量的黏土，除了要选择上好的矿土开采地之外，随后的挑选、舂捣、淘洗、过滤、沉淀、陈腐、搓揉、捏塑等工序都要求精细，待到器物成型烧制成素胎后再施釉。而唐三彩所使用的釉料以

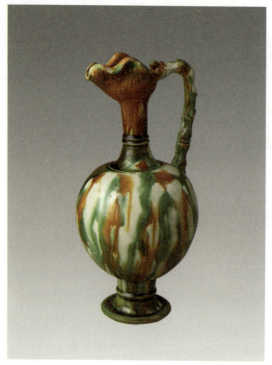

唐三彩执壶

高 28.3 厘米，现藏于美国纽约大都会博物馆。

多种金属氧化物为着色剂，主要有呈绿色的氧化铜、呈黄褐色的氧化铁与呈蓝色的氧化钴这三种原料，同时还要使用铅作为釉色的溶剂，由于铅在烧制过程中容易流动，从而导致釉色呈现出黄、赭黄、翠绿、深绿、天蓝、褐红、茄紫等多种色调，这就是唐三彩之所以斑斓多彩、绚丽夺目的根源所在。当然，所谓"三彩"并非只有三种色彩，"三"只不过是表示多的意思而已。

第二，就是被陶瓷专家誉为唐代陶瓷工艺三大新成就之一的釉下彩。釉下彩，是指先在素胎上用色釉彩绘装饰后再入窑烧造成器的一种工艺。而唐三彩却是先将胎体放进 1000 ～ 1100℃高温中焙烧成素胎，出窑冷却后经过点彩、涂彩、描彩、刷彩、填彩、瓷土推花、刻花填彩、贴花加涂彩、印花加填彩及点描加线描等多种装饰手法在其上施釉，然后再次入窑经过 800 ～ 900℃低温釉烧而成，这种经过两次烧造而成的陶器自然要比一般陶器更加坚实，绚丽多彩的釉色也更加稳固不褪。

第三，由考古发掘与史料记载可知，唐三彩的出现及迅猛发展与唐代盛行厚葬之风有着直接而重要的关联，也就是说唐三彩主要是作为随葬明器才发明烧造出来的，这从现藏于国内各大博物馆中的唐三彩均出土于唐代墓葬这一事实上可得证明。另

外，由于铅是一种有毒物质，自然也使使用铅作为
釉色溶剂的唐三彩器物，主要成为随葬的明器而不
可作为生活用具。具体细微到唐三彩之源流及到
底是哪个窑系所烧造之间，似乎可以从两个方面
来加以解析。

　　一是中国最早的彩釉陶瓷器始于何时。关于这
一点，我们从近万年的中国陶瓷史中不难得出。北
朝时期第一次出现的黄绿色彩陶器不能不引起人们
的重视，因为此前的中国陶瓷一直是以黑白两色为
主，而随着北魏延和元年（432）拓跋焘统一中国
北方，特别是孝文帝迁都并推行一系列汉化政策之
后，北朝陶瓷业随之得到了迅速发展，其中位于山
东境内的寨里窑、中陈郝北窑与朱陈窑就是迄今为
止发现数量甚少的北朝窑址之代表，特别是地处山
东淄博淄川以东 10 余公里处的寨里窑所烧造的瓷
器，虽然胎质粗糙厚重且有气孔与黑点
等瑕疵，但是厚薄不均的釉层中却呈现
出了灰褐色或黄褐色的釉色，这也许还
不能称之为真正彩色釉的出现，但毕竟
为唐代烧造出三彩陶器提供了可贵经验。

　　二是现藏于国内各大博物馆的唐三彩
主要来源于位于洛阳与西安的唐代墓葬。
迄今为止，出土唐三彩且有重要纪年的
唐代墓葬有：昭陵陪葬郑仁泰麟德元年
（664）墓、献陵陪葬虢王李凤上元二年
（675）墓、咸阳北郊契必明万岁通天元
年（696）墓、西安东郊红庆村独孤君妻
元氏长安三年（703）墓、乾陵陪葬永泰

北朝青瓷莲花尊

　　高 67 厘米，现藏于北京故
宫博物院。此尊为 1948 年河北
景县北魏封氏墓群出土，被认为
是北方青瓷的杰出代表。

唐三彩仕女俑

高37.5厘米，现藏于美国纽约大都会博物馆。

公主神龙二年（706）墓、乾陵陪葬懿德太子神龙二年（706）墓、乾陵陪葬章怀太子神龙二年（706）墓、昭陵陪葬越王李贡开元元年（713）墓及西安西郊鲜于庭诲开元十一年（723）墓等。由此可知，三彩陶器的烧制最迟在唐高宗时期就已经开始并发展迅速，至于三彩陶俑的出现，则应该是武则天以后才有的事，而随着安史之乱的爆发，三彩器却逐渐减少乃至消失，这就说明唐三彩的烧制高峰应该在唐高宗永徽元年至唐玄宗天宝十年（650—751）之间，即唐三彩的烧造时限仅有百年之短暂。另外，从这些唐墓所在位置还可知，唐三彩应该主要在河南洛阳与陕西西安两地烧造，至于到底是哪个窑系所烧造，还有待进一步的考古发掘来证实。

不过，1976年由著名陶瓷学家冯先铭先生在河南巩义县黄冶村的发现，还是为人们探究唐三彩烧造窑系问题指出了一条值得注意的路径，因为在黄冶村发现的唐代窑址及三彩陶俑、三足香炉、马和骆驼等三彩器，经过科学化验可知成分与洛阳出土的唐三彩完全一致。遗憾的是，继冯先铭先生之后考古工作者虽然在陕西铜川黄堡镇、河北内丘邢窑遗址、四川邛崃尖山子及山西浑源介庄等唐代窑址中发现了烧造唐三彩的遗迹，但是对于专门为唐代贵族烧造高规格、大中型三彩陶器的窑址还缺少发现，也就是说本文重点介绍的这件驼载奏乐俑的烧造窑址还是一个难解之谜。即便如此，我们依然要细致地来赏析这件三彩陶器，以便寻找途径来驱散笼罩在所有唐三彩身上的重重迷雾。

有趣的是，1959 年出土于西安郊区中堡村一座普通唐代墓葬中的这件唐三彩驼载奏乐俑，与两年前西安西郊行伍出身的唐上柱国鲜于庭诲将军墓①中出土的那件唐三彩驼载奏乐俑极为一致，两者之间的区别除了出土于一号唐墓者高出 10 厘米外，就是奏乐俑人数比将要解析的这件少了 4 人。再就是出土于一号唐墓者的 4 个奏乐俑中有两名是胡人形象，而这件驼载奏乐俑则为 8 个汉人，另外这 8 个奏乐俑手中所拿乐器自然要比出土于一号唐墓者更丰富齐全。

这件已经被评为国家一级文物的唐三彩驼载奏乐俑，通高 56.2 厘米，长 41 厘米，载体是一头站立在一块长方形底座板上的骆驼，它引颈昂首似向天高声嘶鸣，四腿强劲地挺直站立着，完全不是人们常见印象中的笨拙呆滞，而是充满了强健轻盈之态。骆驼通体以白釉作色，颈部上下、前腿上端及尾部则涂以赭黄色釉表示驼毛，驼背上垫有一块椭圆形蓝色毯子作为驼鞍，驼峰上设有

唐三彩驼载奏乐俑

此件唐三彩出土于唐上柱国鲜于庭诲将军墓，高 56.2 厘米，现藏于中国国家博物馆。

① 考古发掘时编为一号唐墓。

唐三彩驼载奏乐俑

　　此件唐三彩即为西安郊区中堡村普通唐代墓葬出土，现藏于陕西历史博物馆。

木架平台，平台上铺着一条多彩的长毛毯，毛毯周边做线辫状，毯身两侧的垂丝装饰涂以茄紫色釉，毯身上刻画有菱形图案，图案以赭黄、紫、白三种色釉涂抹。在这种由多彩色调搭配的绚丽"舞台"上，盘腿环坐一圈的是7名男性奏乐俑，中间站立的则是一名歌舞女俑。男乐俑们头戴软巾，身着圆领窄袖长衣，前面两名乐俑一人捧笙一人执箫正在吹奏，右侧两名乐俑一人怀抱琵琶一人手拿箜篌同样做弹奏状，左侧两名乐俑一人手托笛一人手拍板，这6名乐俑都背向"舞台"中央的歌舞女俑，唯有后面那名乐俑却是面对"舞台"，不知他对于将要吹奏的乐曲是胸有成竹还是正在酝酿情绪，反正他也手执排箫做欲吹之状。至于独自站在"舞台"中央的那名歌舞女俑，从面相上来看应该是一名中年女性，她身穿宽衣长裙，袒露酥胸，发髻高耸，面颊腴润，体态丰满，只见她两眼目光平视前方，右手前举，左臂后撤，很显然正伴着悠扬的乐声在翩翩起舞。

　　据有关专家考证，从这组乐舞俑的形态及风格而言，虽然他们穿着的是汉族服饰，但是所吹奏的乐器则都是胡乐，综合这些特点可知他们表演的应

该是盛行于唐开元、天宝
年间的"胡部新声"。这
原是流行于新疆一带的少
数民族歌舞，当其流传到
甘肃河西汉族聚居区之后，
便与这里的汉族人民歌舞
相融合，从而形成了这种
名为"胡部新声"的新乐舞。

　　众所周知，以大唐王
朝极端繁盛而开放的恢宏
气度，当时会聚在首都长
安城里的不仅有来自西域
的胡人，就是来自世界各
国的各种肤色的外国人也

唐三彩驼载奏乐俑（局部）

是随处可见，而随之到来的还有充满他们各自民族
特色的各种乐舞，这些充满异域情调的乐舞曾一度
风靡整个长安城，随后经过与大唐汉族乐舞交融并
得以进入宫廷之中，从而呈现出了"胡音胡骑与胡
妆，五十年来竞纷泊"的盛况。

　　而今，大唐盛世早已成为国人心中崇尚的一种
梦想，于是有幸得见这件唐三彩驼载奏乐俑的人们，
总是遐想起当年色彩绚丽的驼队载着胡风胡韵前往
长安时的美妙景象，当然不久之后又见驼队载着"胡
部新声"西出长安，将中华民族极其强大的文化融
载力播洒在满是花雨的丝绸之路上。

北宋定窑孩儿枕

——以孩为枕　妙趣横生

关于定窑，人们一般了解的内容除了它是宋代五大名窑之一外，其他信息恐怕就不甚明了了。不过，如果提及在全国特别是河北的文物古玩市场上不难发现的洁白如玉的孩儿瓷枕（工艺品）便是以北宋定窑烧造的孩儿枕为滥觞的话，许多人都会连连颔首表示自己见过。那么，现藏于北京故宫博物院的这件北宋定窑孩儿枕当年是如何烧造出来的，它到底有何绝妙之处竟成了北宋定窑的代名词呢？

传说，北宋初年在河北定州境内的曲阳县涧磁村有一对年轻夫妻，丈夫名叫赵刚，妻子名叫美霞，小夫妻俩像许多村民一样以烧窑为生。赵刚与美霞结婚10年来虽然恩爱有加，但是却一直没能生下一男半女，有一天美霞在梦中见到一个孩子在草地上欢快地奔跑，并一个劲儿地向她叫着"妈妈"，她急忙伸开双臂将孩子揽进怀里，然后幸福地躺在草地上晒着太阳……

一觉醒来，妻子美霞还沉浸在美梦中，于是她便依照梦中印象，精心绘制了一张孩儿瓷枕图案交给丈夫。非常理解妻子心思的赵刚，先是细致筛选上等瓷泥，再按照图样费时多日塑造孩儿枕，最后入窑精心烧造，终于烧造出了一只精巧秀丽而又栩栩如生的孩儿枕。妻子美霞见到这只孩儿枕便爱不释手，每天晚上都要枕着它才能安然入睡，更神奇的是她不久竟然怀了孕，10个月后生下了一个白白胖胖的男孩。随后，多年不孕的赵刚夫妇成功烧造孩儿枕并生下一个大胖小子的消息不胫而走，吸引得当地窑口纷纷来人取经

效仿，孩儿枕遂成为
定窑烧造的经典瓷器
之一，最后竟然风靡
大江南北瓷窑，以致
孩儿枕不仅成了定窑
的代名词，而且造型
也变得多姿多彩起来。

现藏于北京故宫
博物院的这件北宋定
窑孩儿枕，虽然是一件宋代的传世瓷器精品，但
是它为何人所烧造还不得而知，因为瓷器并不像
中国传统书画那样可以依据钤印与题跋等来考证
其作者源流，何况烧造瓷器这种在传统士大夫眼
中属于"工匠者流"的匠人及技术，是不能在中
国传统文化殿堂中登堂入室的。

长30厘米、宽11.8厘米、高18.3厘米的北宋
定窑孩儿枕，整个造型为一孩童俯卧在雕花矮榻
上，两只小胳膊自然地抱拢，左臂在上，右臂在下，
圆圆的脑袋侧枕在双臂上，两只眼睛专注地望着
斜上方，面部表情显得调皮而有趣。让人感到忍
俊不禁的是，这个孩童的头顶两侧各扎有一髻，
这种被称作"鹁角儿"的中国古代儿童常见发型，
任凭哪个大人见了都忍不住想伸手爱抚一下。至
于孩童那两只小脚交叉后翘的模样，就更是让人
感受到了他的顽皮可爱。

如果细细思考一下，这只瓷枕虽然名为孩儿
枕，但是孩童收拢的双臂与弯曲上翘的两只小脚，
很显然是告诉人们他身下的枕座尺寸太短，以至

北宋定窑孩儿枕

　　宋代瓷枕盛行，南北方瓷窑
普遍烧造，种类繁多，造型丰富。

金代磁州窑婴儿枕

高15.6厘米，长41.9厘米，
现藏于旧金山亚洲艺术博物馆。

于他自己也只能是头枕双臂，而正是这一造型恰好使孩童光滑弯曲的脊背形成了一个舒适的枕面。除了这种趣味横生的造型之外，孩童身上那看似简单的衣着打扮同样不容忽视，他上身穿有两层衣衫，穿在里面的是一件绫罗长袍，外罩一件前短后长的坎肩，透过露出坎肩并覆盖在臀部的一段长袍可知，长袍上彩绣有图案清晰的团花，至于下身穿着的那条长裤，由于比较肥大而显得宽松舒适，虽然小脚上穿的鞋子看得不太清楚，但是直观估计应该是一双软底布鞋，这套装扮在今天看来也许显得有些简单，但是却比平面绘画要形象得多，因而它便成为今人研究宋代服饰特别是儿童服饰不可多得的可贵资料。

另外，这孩童那种稚拙活泼的天性，通过其面部表情更是表露无余。他脑门宽阔、两耳肥大，高高挑起的眉毛下圆睁着一双天真无邪的大眼睛，充满灵气的眼神中又不失孩童应有的幼稚，下巴与两颊之间各有一道凹沟，衬托得脸颊与下巴更加丰腴，还有那小巧挺直的鼻子与略显厚实的嘴唇，都将中国古人非常看重的那种天庭饱满、地角方圆的传统富贵相展露了出来。将孩童玩耍天性点缀出来的，还有他右手拿着的一条丝绦状织物，织物中间缀有一只绣球，绣球上的花纹同样清晰可见，绣球两侧各打有一个蝴蝶结，显得十分可爱好玩。

　　除了以上为中国古代民俗史与服饰史提供珍贵资料的孩童造型外，还有孩童俯卧其上的矮榻式枕座，这应该对中国古代家具及雕塑艺术研究具有一定的参考价值。确实，约占整个瓷枕1/3高的矮榻，四周是一圈浮雕图案，比如枕座两头及前后中部共雕有4个椭圆形或菱花曲线圈起来的图案，如同陶瓷装饰艺术中比较讲究的"锦地开光"，唯一区别就是前为立体雕塑后为平面绘画，至于圈中的卷草纹与圈外的云头纹，两者同样都是雕刻而成，只是圈内纹饰似比圈外纹饰低了一个层次，这种构图倒也显得简洁而拙朴，但是并不缺少装饰意味。

　　我们不妨想象一下，当人们头枕这只孩儿瓷枕休息纳凉时，这种意趣无穷的状态岂不让人心情愉悦、心意凉爽？是的，当人们面对这样一只匠心独运的瓷枕，无不要为之拍手称妙了。

　　以瓷为枕的历史一直可以追溯到隋代，并在唐、宋、元三朝成为一种流行。作为中国古代人们的一种夏令寝具，瓷枕自隋代创烧成功后便大

宋代定窑白釉孩儿枕

高8.3厘米，长20.3厘米，现藏于旧金山亚洲艺术博物馆。

受追捧，不仅民间普通百姓家喜爱它，就连富有天下的皇宫内廷也多用之，即便明清两朝它已经退出了人们的生活舞台，但是酷爱古物的乾隆皇帝还是在御府中收藏了不同朝代的许多瓷枕，特别是对这只北宋定窑孩儿枕更是珍爱宝之，这从其所赋的《咏定窑娃娃枕》一诗中可得佐证：

> 白定宋犹嫌有芒，于今火气久消亡。
> 故宜入品称珍玩，便以摛吟著句偿。
> 荷叶不离身作被，檀材新与卧为床。
> 曲肱却复待人枕，乐在其中意岂忘。

宋代苏汉臣《秋庭婴戏图》

婴戏题材是风俗画的一个分支，就它的数量来看，它占了宋代风俗画的很大一部分，这与城市经济的繁荣而影响人们的审美情趣有关。

瓷枕何以如此大受追捧，原因大致有三：一是它具有爽身沁肤、清凉怡神的适用功能。在烧造瓷枕的过程中，匠师们为了防止枕腔内的空气受热膨胀导致瓷枕变形，便在瓷枕的侧面或底部留出通气孔，以便受热膨胀的空气从此排出，没想到烧造成功后这些排气孔竟然还起到了透气去湿的作用，从而增加了瓷枕的清凉功效。据说，枕着这种瓷枕"最能够明目益睛，到老了都可以阅读字体很小的书籍"。

二是随着烧造工艺的不断进步，瓷枕的形制与品种也大为丰富，从而赢得了更为广泛人群的喜爱和使用。诸如，早在唐代就烧造出美妙的绞胎纹花枕，以及豹头、白泽、伏熊等兽形瓷枕，至于后来的长方、八方、腰圆、云头、花瓣、鸡心与银锭等式样，以及虎形、龙形、孩童与卧女等仿生状瓷枕，都在很大程度上满足了不同品位与嗜好的人群的需要。特别是进入陶瓷艺术更加繁盛

宋代景德镇仕女形青白瓷枕
高11.1厘米，长22.9厘米，现藏于美国纽约大都会博物馆。

的宋代，许多窑口纷纷烧造瓷枕，这不仅使瓷枕的样式更加丰富多彩，而且烧造工艺也更加成熟稳定，各种足以表现高难度的仿生枕及人物枕层出不穷，竟然形成了定窑瓷器的一大特色。比如，南宋杰出女词人李清照在《醉花阴》中就有"玉枕纱厨"之词句，其中的"玉枕"当是定窑开创烧造的"清白"瓷枕。

三是由于仿生枕的出现，其功用也出现了延展的势头，比如辟邪、辟魅、宜男、服妖，等等。据《新唐书·五行志》中记载：

以豹头枕以避邪，白泽枕以避魅，伏熊枕以宜男，亦服妖也。

由此可知，瓷枕成为随葬的明器也就顺理成章了，这从一些考古发掘中可得佐证。至于清乾隆皇帝在御府中收藏那些作为自己欣赏的瓷枕，诸如唐三彩枕、唐白釉绿彩枕、唐黑釉枕、北宋

隋李静训墓出土白瓷鸡首壶

高27.4厘米，现藏于中国国家博物馆。

珍珠地刻花枕、北宋黄釉刻锦纹亚腰长方枕、金白釉黑彩"宜男"小枕、金白釉剔花腰圆枕、南宋三彩诗文枕、南宋青釉双狮枕、元白地黑花山水人物枕、元绿釉双狮枕、清康熙五彩加金锦纹枕等，则足以表明瓷枕的历史应该还延续到了当朝，即便其在人们生活中的实用功能大为减退，也不妨碍人们依旧对它情有独钟，否则何以在今天各地的文玩市场上还存在着它的身影呢？

北宋定窑孩儿枕之所以能够在大江南北风靡，除了以上所说的3种缘由之外，其精湛绝妙的造型艺术与高超精细的烧造工艺，特别是洁白无瑕犹如美玉一般的瓷胎质地，使人尤为不能忽视。关于定窑烧造白瓷的历史，同样可以追溯到唐代，因为"南青北白"中的"北白"指的就是唐代邢窑所烧造的白瓷系列。

其实，中国烧造白瓷的历史可以推知到北朝齐时，因为出土于河南安阳洪河屯村北齐武平六年（575）范粹墓中的一批白瓷器具，就是中国现今所知年代最早的白瓷标本，虽然这批白瓷的釉色还呈现出白中闪黄或泛青的光泽，但是这种创造性的白瓷烧造已经为中国陶瓷发展开辟了新的道路。循着这条道路走来，人们从出土于河南安阳隋开皇十五年（595）张盛墓、西安郭家滩隋大业元年（605）姬威墓及西安郊外隋大业四年（608）李静训墓中的一批批白瓷器具上，已经看到了那种白中闪黄或泛青的釉色开始逐渐变得洁白如玉，也就是说我们终于在这时可以毫无怀疑地称之为白瓷了。至于绵延到瓷器品类繁多、造型艺术新颖、使用程度普及的盛唐时代，中国陶瓷则形成了以浙江越窑与河北邢窑为代表的青白两大窑系，因此史书上只好用"南青北白"来概括地盛赞这种陶瓷业的超越和繁盛。根据唐人李肇在《国史补》中有"内丘白瓷瓯，端溪紫石砚，天下无贵贱通用之"的文字记载，不仅指引考古学家于1980年8月在河北临城及临城与内丘交界处发现了唐代邢窑遗址，解决了中国陶瓷史上一个多年悬而未决的谜题，而且也让人们明白了邢窑白瓷在当时人们生活中是怎样的普遍。

解决了关于唐代邢窑以上两个问题特别是窑址所在地之谜，目的就是为了诠释北宋定窑那种"定州白瓷瓯，颜色天下白"的源流所在，因为无论是定窑白瓷烧造工艺的完美还是定窑遗址的地缘范围，都与唐代邢窑白瓷有着密不可分的承继关系，只是为了寻找与证实定窑遗址的确切所在，中国的陶瓷学家们付出了多年的艰辛努力。那么，作为中国著名的宋代五大名窑之一的定窑窑址到底在哪儿，其烧造白瓷工艺又有何与众不同的特色呢？

关于定窑，历史文献中不乏记载，只是涉及窑址的地理位置却含混而简略，以致随着岁月的流逝竟成了一个难解之谜。到了20世纪30年代，中国著名陶瓷学家叶麟趾先生根据文献记载梳理出的模糊线索，开始对河北定州及周边地区进行了详细考察，特别是位于定州西北40公里外曲阳县境内一个名叫涧磁村的地方，竟然在方圆20万平方米的范围内堆积着涵盖了晚唐、五代、北宋、金与元5个朝代的文化层——瓷片之现象，这不由让叶麟趾先生格外地重视起来，在捡取诸多瓷器碎片与已知确切年代的瓷器进行比较研究后，他在心中基本认定涧磁村就是北宋定窑遗址所在地。随后，叶麟趾先生又从清光绪年间修订的《曲阳县志》卷六中有"龙泉镇，唐宋以来，旧有瓷窑，五代后周尚有瓷务税吏，宋时有瓷器商人……"等文字记载，并结合连接涧磁村南北两镇之南镇古有"龙泉镇"称谓，以及涧磁村隶属的曲阳县在唐宋时为定州所辖这一历史故实，遂认定涧磁村就是北宋定窑遗址所在地。

河北省曲阳县涧磁村定窑遗址

随后，叶麟趾先生将自己的这一重大考古成果写入《古今中外陶瓷汇编》一书，并于民国二十三年（1934）向世人公开发表。叶麟趾先生考证定窑遗址的这一成果一经公布，便引起了世界陶瓷学界的极大震动，特别是他建立在第一手调查资料与历史文献相互验证上的治学方式，不能不使世人在震惊之后表示由衷的信服。当然，叶麟趾先生的这一卓越成就，随后特别是新中国成立后在陈万里、冯先铭、叶喆民等陶瓷专家多次实地考察的佐证下，以及1960—1962年与1985—1987年河北省文物工作机构两次对涧磁村进行详细勘察和发掘所得数十万件瓷器、窑具、铁器、铜器、钱币及瓷器碎片标本的实物支撑下，更加无可争辩地被写在了中国陶瓷史上。

由此可见，同在河北省境内且彼此相距不远的唐代邢窑不能不对宋代定窑产生影响，特别是定窑烧造白瓷工艺的日臻完美，更是不能不汲取唐陆羽在《茶经》中盛赞邢窑白瓷"白如雪"的烧造工艺，否则北宋定窑白瓷何以赢得"白如雪、声如磬、薄如纸、润如玉"的美评呢？

不过，定窑白瓷在继承唐代邢窑和五代曲阳窑白瓷衣钵的基础上，起初只是烧造民间粗糙用瓷，并不能与浙江越窑青瓷平分天下，直到宋徽宗赵佶抬举定窑成为官窑之后，才在瓷泥选取、瓷胎制作、烧造工艺与装饰风格方面取得长足进步，从而一举夺得天下白瓷魁首的地位。

　　作为中国书画艺术史上少有的天才，宋徽宗赵佶不仅精擅书画艺术创作与鉴赏，而且对诸如青铜器与瓷器等一切古物都有着非凡的鉴赏水平。因此，当他抬举定窑成为专门为皇家宫苑烧造用瓷的窑口后，首先就选派了一大批优秀匠师进驻定窑窑场，对制作宫廷瓷器的选土、用料、塑胎、装饰、烧造与出窑等所有工序进行严格把关，再加上这位书画皇帝崇尚精致优雅的艺术品位，遂在客观上大大促进和提高了定窑白瓷的品质。比如，在瓷胎的用土与加工方面，所用瓷土都是经过精细筛选和沉淀之后再进行加工的，而这样的瓷土不仅可塑性极强，而且胎质洁白细腻，即便器物胎壁薄如白纸也不易破碎。再如，在瓷器的装饰方面，定窑瓷器在继承唐代邢窑模印、划花与点彩的基础上，还汲取了五代越窑刻画与划花的装饰技法，特别是凭借当地作为

金代定窑刻划菊花纹盘

　　北宋灭亡后，定窑归入金朝疆域，仍延续窑火，直至元代才熄灭。此盘口径 26.4 厘米，现藏于美国纽约大都会博物馆。

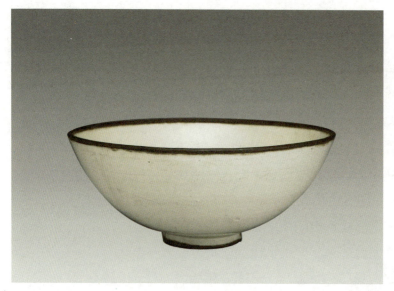

北宋定窑瓷碗

口径22厘米，现藏于台北"故宫博物院"。

宋代缂丝集散中心与金银器铸造基地的优势，将缂丝技艺与金银模制技术移植到瓷器的装饰上，使定窑白瓷的装饰风格呈现出了丰富繁丽的特色。定窑瓷器的刻画花，主要是采用竹质或骨质的圆体斜面工具与梳篦状工具对瓷胎进行逐件刻画，刻花纹样多以有一定斜度的"刀痕"凹线所组成，而梳篦状工具划出的纹样则呈一组组回转流利的线条状，显得流畅而不乏洗练；至于印花，就是将坯件放在事先刻好花纹的陶范上进行整形拍印，这主要是为了提高产品的生产效率，即便成品瓷器的纹样有同一化的嫌疑，但是定窑瓷器的纹饰依然以工整、繁密和细腻而赢得了人们的喜爱，像牡丹、莲花、萱草、凤凰、孔雀、鸳鸯、鹭鸶、云龙、海水、游鱼、婴戏等图案，都构图严谨、层次分明、线条流畅、繁而不乱。

又如，定窑瓷器在烧造工艺方面，为了避免瓷胎在烧造过程中发生变形，便创造性地采取了以窑具承托口沿的覆烧法，也就是说将所要烧造的器物一件件叠压起来烧造，从而不仅大大提高了生产效率，而且由于采用了新发明的支圈来代替传统支钉作为窑具，使直接接触支圈的瓷器口沿部位不能施釉，这样一来口沿部位虽然露出了较粗的胎体，使成器口沿处有一种毛涩感，也就是文献中所谓的"芒口"，但是聪明智慧的定窑人为了弥补这一缺陷，又一次借鉴了当地铸造金银器的优秀技法，以金、银、铜镶嵌在瓷器口沿上，遂使"芒口"缺陷变成了"金装定器"之尊贵富丽。

我们可以毫不遗憾地说，虽然本文重点讲述的这件孩儿枕不能像定窑所出的盘碗瓶罐那样也镶嵌一个"金装"手足，但是无论从其"白如雪"的质地还是比例协调的装饰技法等方面而言，这件孩儿枕已经不仅仅是一件实用的生活用具，而是一件堪称美妙绝伦的艺术孤品。

北宋汝窑盘
——青瓷魁首　传世珍稀

其实，最早的青瓷魁首并非河南汝窑所烧造，而是浙江越窑之创新，因为早在唐代就有"南青北白"盛誉的越窑青瓷，以其清润如玉的质地而被唐人陆羽在《茶经》中赞誉为"越州上"了。不过，据宋人叶寘在《坦斋笔衡》中有"本朝以定州白瓷器有芒不堪用，遂命汝州造青瓷窑，故河北唐、邓、耀州悉有之，汝州为魁"的文字记载，可知汝窑不仅继定窑之后成为宋代又一处官窑，而且所烧造的青瓷在宋代确属第一。

汝窑青瓷有何非同一般的特色，这些特色在今藏于上海博物馆的这件汝窑盘上又是如何体现的呢？

作为宋代五大名窑之一的汝窑，自南宋以降屡屡在文人笔记等文献中被提及，诸如南宋周密《武林旧事》、南宋周辉《清波杂志》、南宋陆游《老学庵笔记》、南宋《咸淳起居注》、南宋顾文荐《负暄杂录》、明人曹昭《格古要论》、明人王世懋《窥天外乘》、明人张应文《清秘藏》、明代画家徐渭《墨牡丹》画中题诗及清代著名诗人孙灏等，都在其作品中从不同角度对汝窑青瓷进行了毫不惜墨的赞美，有的甚至将汝窑青瓷赞誉推崇为宋代瓷器之冠。至于最早记载汝窑瓷器的北宋人徐竞（亦有徐兢之说）在其成书于宣和五年（1123）的《宣和奉使高丽图经》一书中所谓"其余则越州古秘器，汝州新窑器，大概相类"之"汝州新窑器"，虽然指的是高丽仿烧的汝窑瓷器，但是也从侧面说明了汝窑瓷器在当时之盛名。

确实，不以装饰纹样取胜的汝窑青瓷，最与众不同的当属其有着"雨过天晴"美誉之绝妙釉色了。从目前中国内地馆藏仅有的25件汝窑瓷器来看，所有器物的釉色都呈现出一种比较纯正的天青色，虽然有的釉色稍微深点或浅点，乃至还有粉青、卵青、灰青等，但是总而言之色调没有大的变化，也就是说釉色比较稳定，基本上都离不开天青色这个基调，这说明汝窑匠师已经完全掌握了胎釉中呈色剂的主要成分——铁的含量，以及瓷器烧成时还原火焰温度的控制。

另外，根据南宋文人周辉在成书于绍熙年间（1190—1194）的《清波杂志》一书中有"汝窑宫中禁烧，内有玛瑙为釉，唯供御拣退，方许出卖，近尤难得"的明确记载，以及《宋史》中有"（政和初）提辖京西坑冶王景文奏，汝州青岭镇界产玛瑙"等文字，可以得知汝窑瓷器釉色之所以会呈现出天青色，还与瓷釉中含有氧化硅的成分有关，而玛瑙的主要成分就是氧化硅。如此，也就难怪周辉在著作中发出"近尤难得"之喟叹了。

汝窑青瓷的第二个特点，不仅与含有玛瑙这种

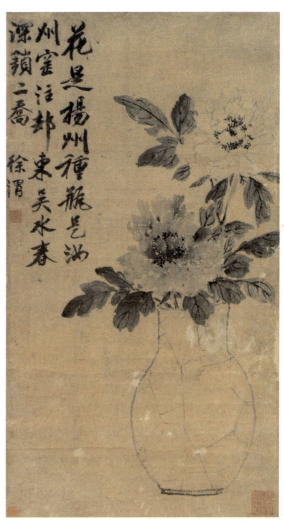

明代徐渭《墨牡丹》

画中题诗："花是扬州种，瓶是汝州窑。注却东吴水，春风锁二乔。"

贵重釉料有关，而且更与宋室宫廷肆意挥霍的奢侈风气相连，因为工匠在往素瓷上施釉时往往根据监工的要求，不惜工本地施加了很厚的釉料，而施釉过厚的结果就是使釉面经过高温后，在冷却过程中由于胎釉收缩速度不一致而造成釉面开裂，从而出现许多细碎的白纹开片，其状恰如蟹爪一般，这就是文献中所谓的"蟹爪纹"。然而，原本属于工匠在烧造过程中出现的瑕疵，却意想不到地为汝窑青瓷增添了一种别样的美感，同时也为后人鉴别欣赏汝窑瓷器提供了一个依据，即明人曹昭在《格古要论》中所谓"有蟹爪纹者真，无纹者尤好"。这是汝窑瓷器的第二大特点。

关于汝窑瓷器以上的两个特点，人们从现藏于上海博物馆的这件汝窑盘上可以得到完全证实：高 2.9 厘米、口径 17.1 厘米的这件汝窑盘通体施淡青釉，晶莹透亮的釉面上布满蟹爪纹，一望可得绝妙之美感。汝窑青瓷的第三大特点，就是采取满釉支钉支烧的方法烧造成器。所谓满釉，就是采用荡釉工艺对凡属盘碗之类的圆形器施釉过底足，或者更明白地说即器里、器外、口缘及底足等部位全部施釉而不露胎体本色，

上海博物馆藏的 3 件汝窑盘

这就改变了唐代以前瓷器施釉不及底的传统工艺。不过，满釉工艺虽然是一种进步，但是也给以往采用垫饼或垫圈的支烧工艺带来了不便，或者说满釉瓷器已经不适用这种工艺烧造了。于是，汝窑工匠也许是借鉴了隋代湖南湘阴窑创始的支钉支烧之法，发明了小支钉支烧的技术，即用三五个如芝麻粒一般大小的沙粒等距离地放在器物底部，支撑着满釉器物不使其粘连在一起，然后再入窑烧造。因此，以此法烧造而成的汝窑瓷器底部都有三五不等的支钉烧痕。收藏在上海博物馆的这件汝窑盘圈足内就有5个细小的支钉痕。

有趣的是，即便汝窑瓷器采用了这种小支钉支烧的烧造方法，人们依然能够从细小支钉痕处看到满釉里面的瓷胎本色——香灰色，并被明人张应文明确地记录在了其著作《清秘藏》中。

众所周知，青铜器起源或脱胎于陶器之说已经被史料和考古发掘所证实，而与陶器一脉相承的后裔血亲——瓷器，却不知从何时开始在器型上仿造起青铜器来，而这在汝窑瓷器身上体现得尤为明显，这就是汝窑瓷器的第四大特色。比如，现藏于北京故宫博物院的汝窑三足尊，因口底尺寸相同而形似直筒，平底之下是3个变形的兽形足，尊身外部有上下凸起的7条弦纹，靠

汝窑三足尊

高12.9厘米，口径18厘米，现藏于北京故宫博物院。瓷尊是仿汉代铜尊造型，始于宋，汝窑、定窑、龙泉窑均有烧造，为陈设用品。目前所见传世宋代汝窑弦纹尊只有两件，除故宫博物院收藏的这件以外，英国伦敦大维德基金会亦收藏一件。

近尊口与底部各有两条凸起弦纹，中部是3条凸起弦纹，这种造型与弦纹花饰与宋代定窑、官窑及龙泉窑瓷器极为相似，当然更与1962年出土于山西右玉县一件镌刻有"中陵胡传铜温酒樽，重廿四斤，河平三年（前26）造二"铭文字样的西汉鎏金铜器基本相同。如果再列举与此尊属同一组器物的汝窑三足盘，以及为数绝稀的汝窑传世品中的出戟尊、玉壶春瓶、胆式瓶、纸锤瓶与奁等为证的话，我们完全有理由相信汝窑瓷器确实大量仿造了汉代青铜器的形式。至于汝窑瓷器为何大量仿造青铜器样式，窃以为应该与酷爱古物收藏鉴赏的宋徽宗赵佶及宋高宗赵构的个人喜好有着直接关联，这从周密在《武林旧事》中记述张俊向宋高宗贡奉的16件汝窑瓷器器型上便可得佐证。汝窑瓷器的第五个特色，就是器物的圈足内往往刻有铭款。

对此，曹建文先生总结有以下4种情况：一是刻有宫殿名称铭文。比如，现藏于中国台北"故宫博物院"的出戟尊、纸锤瓶和盘3件汝窑器均刻有"奉华"二字，即表明这3件汝窑瓷器都是奉华堂专用器具，而奉华堂就是宋高宗时德寿宫的配殿，也是皇帝赵构之爱妃刘氏居住的地方。还比如，现藏于北京故宫博物院刻有"寿成殿皇后阁"铭文的汝窑盘及现藏于英国维多利亚阿伯特博物馆同样刻有"寿成殿"字样的汝窑盏托，都表明这两件汝窑器是寿成殿的专用器物。

二是刻有姓氏铭文。比如，现藏于北京与中国台北两家故宫博物院里均刻有"蔡"字的两件汝窑盘、碟，很显然表明这两件珍贵的汝窑器是姓蔡家所有，而据著名陶瓷专家冯先铭先生考证可知，当年能够收藏汝窑瓷器的只有权倾朝野的大奸臣蔡京父子，这不仅因为蔡京是一人之下万人之上的当朝太师，而且其有一子还是深受徽宗皇帝宠幸的驸马，这从赵佶降尊7次至其府邸并赏赐无数珍宝一事中，可以想见其中必有珍贵之汝窑器。

三是刻有等级铭文。比如，现藏于中国台北"故宫博物院"一件刻有"蔡"字的汝窑盘上，就同时刻有一个"丙"字，想来当年的汝窑器应刻有"甲""乙"或"丙""丁"表示等级。

四是刻有御题诗文铭文。关于这一点，有必要提醒人们的是在传世不足百件的汝窑瓷器中，竟然有15件刻有御制诗文且都是清乾隆皇帝所为，由此可见嗜好古物鉴赏的他确如后人送其附庸风雅之评价。比如，现藏于北京故宫博物院的一件汝窑三足盘，就有乾隆皇帝于"戊戌（1778）夏御题"的一首诗：

> 紫土陶成铁足三，寓言得一此中函。
>
> 易辞本契退藏理，宋诏胡夸切事谈。

据资料显示，仅乾隆皇帝一人所作诗歌数量就达数万首之多，堪比《全唐诗》，只是其诗歌的品位与质量不敢恭维罢了。如此说来，在本就传世绝稀的汝窑瓷器上御题乾隆皇帝之诗，恐不为汝窑器增彩而添俗矣。由此人们应该会推想到另外一个问题，那就是汝窑瓷器为何传世如此绝稀呢？

据梁白泉先生主编的《国宝大观》一书中记载，当时存世的汝窑瓷器大致有：中国台北"故宫博物院"所藏23件、北京故宫博物院所藏17件、上海博物馆所藏8件、英国大维德基金会所藏7件，以及英国人艾尔弗雷德·克拉克夫人与香港罗桂祥先生各藏1件，共有57件之稀！即便后来所出包括发掘汝窑遗址所得的完整汝窑瓷器，全球总数也不足百件。

汝窑瓷器之所以如此珍稀绝

北京故宫博物院藏汝窑三足盘

此盘高4厘米，口径18.5厘米。盘底御题诗为宫廷玉作匠师以楷书镌刻。

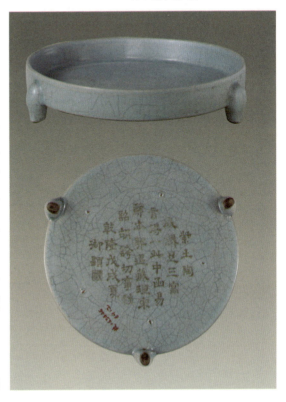

汝窑水仙盆

　　高 6.3 厘米，口径 26.4 厘米×18.5 厘米，现藏于中国台北"故宫博物院"。

少，除了所用釉料中含有贵重的玛瑙，以及仅供宋室宫廷使用而严禁流传民间这两个原因之外，还有就是汝窑专为宫廷烧造瓷器的时间太过短暂。对此，虽然陶瓷专家们推知的时限并不一致，但是只是短暂的程度小有差别而已。

比如，陈万里先生在对《宣和奉使高丽图经》与《负暄杂录》等文献记载进行分析后认为，汝窑烧造时间应该在北宋哲宗元祐元年至徽宗崇宁五年（1086—1106）之间，即前后约 20 年。而叶哲民先生根据自己多次前往汝窑遗址实地考察撰文《汝窑廿年考察纪实》，认为汝窑烧造应在元祐元年至宣和末年（1086—1125）之间为其鼎盛期，也就是说大约盛烧了 40 年。另有李炳辉先生更加悲观地认为，汝窑烧造时间在政和元年至北宋灭亡（1111—1127）之间，即仅有 14 年之少。还有汪庆正先生认为，汝窑烧造时间当在 11 世纪末至 12 世纪初，总之时间不长。对于如此分歧的论点，主持河南宝丰县清凉寺汝窑遗址发掘事宜的孙新民先生，根据遗址发掘的地层及遗物叠压之关联，对于陈万里与叶哲民两先生的观点表示认可，也就是说汝窑烧造时间当在北宋哲宗、徽宗时期。试想，烧造时间如此短暂的汝窑瓷器，再兼釉料贵重与皇家垄断独享，历经千百年历史风雨岂能

大量存世？存量绝稀的汝窑瓷器一直都珍藏在皇
家宫苑之中，比如梁白泉先生主编《国宝大观》
中所列 57 件汝窑瓷器原本都是清宫旧藏，今天之
所以分藏各处甚至流失国外，都是清朝末年八国
联军入侵北京时造的孽。

　　既然汝窑瓷器如此珍稀贵重，特别是南宋年
间就有"近尤难得"之叹，后世人们便根据中国
古代瓷窑以地为名的命名惯例，开始在古汝州（原
河南省临汝县，今汝州市）境内寻找汝窑遗址，
希望通过对汝窑遗址的发掘而获得重大发现。然
而，有关文献记载自明代就开始寻找的汝窑遗址，
竟然神秘地又埋藏了 5 个多世纪之久，直到 1986
年才最终被确定下来。那么，汝窑遗址是如何被
发现并确认的呢？

　　探秘之乐，中外皆然。为了寻找著名的汝窑
遗址，20 世纪 30 年代日寇借入侵中华之机曾多次
派人深入河南临汝进行实地调查，并从该县境内
大峪店古窑址盗掘瓷器整件及标本数车之多运回
该国珍藏研究，
但是因为没有
与汝窑瓷器相
同的标本，而
没能指明汝窑
遗址之所在。
到了 1950 年，
中国著名陶瓷
学家陈万里先
生也开始多次

汝窑盏托

　高 7.6 厘米，盘径 16.2 厘米，现藏于英国伦敦大英博物馆。

宝丰县清凉寺汝窑遗址

到河南临汝及周边地区考察，不仅找到了多处古代窑址，而且第一次发现了位于宝丰县大营镇的清凉寺窑址。随后，陈万里先生在发表的《汝窑之我见》一文中，对清凉寺窑址所产瓷器给予重点关注和美评，可他依然没有明确说明清凉寺窑址就是著名的汝窑旧址所在，从而为自己留下一大遗憾，也给后人带来了幸运和机遇。

确实，自20世纪50年代以后河南省考古工作者与北京故宫博物院陶瓷专家又多次对临汝县境内古窑址进行实地考察，但是都未能如愿确定汝窑遗址所在地，而陶瓷专家叶喆民先生根据从宝丰县清凉寺采集到的一块天青釉古瓷片，敏感地意识到这可能是打开汝窑遗址神秘大门的一把钥匙，于是便将这块古瓷片交由上海硅酸盐研究所进行化验，得知这块古瓷片的成分竟与北京故宫博物院所藏汝窑盘成分相同，他于1985年在河南郑州召开的中国古陶瓷研究会年会上，第一次提出了极具醍醐灌顶意义的建议——宝丰县大营镇清凉寺"未必不是一条寻觅汝窑窑址的有力线索"。循着这条"有力线索"，当河南省宝丰县瓷厂工艺师王留现（也有王留献之说）先生于1986年下半年的一天听说有人在清凉寺挖出一件瓷器时，便急忙赶到挖出那件瓷器的农民家中，并以600元人民币的价格从其手中买下了它，而他之所以花费在当时看来并不便宜的价格买下它，是因为他在心中基本认定这正是一件珍稀的汝窑笔洗。

同年10月下旬，王留现先生携带这件汝窑笔洗来到在西安召开的中国古陶瓷研究会年会上，希望通过权威专家来鉴定这件汝窑笔洗，从而最终确定汝窑遗址的真正所在地。有趣的是，由于会议议程安排得较为紧凑，王留现先生正准备将所带汝窑笔洗交由他熟识的上海博物馆副馆长汪庆正先生鉴别时，这位著名陶瓷专家却因有紧急事务即将返回上海。得此消息，王留现先生不敢有半刻停留，赶在汪庆正先生离开前5分钟找到了他，而当汪庆正先生面对王留现先生突然呈现在自己眼前的这件汝窑笔洗时，不由得惊喜诧异得差点将这件珍稀之汝窑器掉在地上。

于是，在王留现先生购藏的这件汝窑笔洗得到权威确证后，汪庆正先生也随即指派上海博物馆人员急赴河南省宝丰县清凉寺进行实地考察，并在清凉寺窑址上发掘出了一大批古瓷器标本，后经多方论证得知这些瓷器标本的制作工艺、胎釉特征与支烧方法，都与传世的宋代汝窑宫廷用瓷相一致，从而使汝窑遗址得以确证并向世人公布。

消息一出，举世震惊，大规模、多批次的汝窑遗址发掘工作也随之展开，特别是在1987年10月至2000年10月这13年间的6次发掘中，不仅发现了两个圆形低温瓷坯遗址和一个长方形生产瓷器作坊，而且还在一个汝窑窖藏中出土了多达37件完整的汝窑瓷器，而这批出土的汝窑瓷器与传世品在胎釉等方面完全一致，至此汝窑遗址之谜更是无可争辩地大白于天下。

另外，据《宋史·地理志》中记载可知，宝丰县在北宋中前期一直称为龙兴县，直到北宋宣和二年（1120）才改称宝丰县，且始终隶属于汝州管辖，所以即便清凉寺窑址位于宝丰县境内而不处在人们惯常以为的临汝县，它依然以无可争议的事实揭开了中国陶瓷史上的一大悬案，并对全面系统地开展汝窑研究具有极为关键的重要意义。

北宋官窑翠绿双耳彝炉

——两宋官窑　神秘依旧

　　分为北宋与南宋两段的大宋王朝，虽然在疆土和政治上屡遭外夷番邦的分割欺凌，但是文化艺术却呈现出了中国历史上少有的辉煌与繁盛。比如，享誉世界的宋代五大名窑所产精妙绝伦之瓷器，不仅没有在明清彩瓷那绚丽多姿的照耀下黯然失色，而且随着岁月的流逝越发显得珍稀诡秘，特别是同样因为政权中心被迫迁移而分设南北两地3处的两宋官窑所产之瓷器，还由于至今未能发现确凿窑址而更加神秘莫测。

　　本文只想借助民国年间出现在北京古玩市场上的这件北宋官窑翠绿双耳彝炉作为引子，来共同探究两宋官窑瓷器之幽谧传奇。只是，围绕这件稀世瑰宝所发生的故事，让闻者实在唏嘘慨叹。

　　北宋官窑又称"汴京官窑"，此名最早见于南宋文人顾文荐的《负暄杂录》：

　　宣政间，京师自置窑烧造，名曰官窑。

　　有趣的是，顾文荐晚年时这句看似简短实则可以征信的怀旧之语，却因为至今未能找到这处官窑遗址之所在，而导致人们不仅不能相信顾老先生之所言，而且对历史上是否存在北宋官窑这一重大问题也持有一种怀疑乃至否定的态度。

确实，中国自乾嘉学派或者名之曰考据学诞生之日起，治学严谨者莫不讲求以实物验证文献之真伪，而只见于文献记载中的北宋官窑，却因为地处惯于溃堤决口的黄河中原地段，早已随同曾经繁盛一时的汴京都城（今河南开封）埋没在了厚达6米的黄河泥沙之下，虽然自20世纪50年代以来经新中国考古工作者的多次钻探发掘，确凿无误地表明汴京城就在今天的河南开封市地表之下，但是名震中国陶瓷史的北宋官窑遗址却始终不见踪迹。

于是，关于北宋官窑存在与否的争议便纠结不清了：一种观点认为，北宋官窑就是北宋汝窑，其依据主要是由明人曹昭《格古要论》中"汴京官窑色好者与汝窑相类"一句推论而来。其实，对于宋代五大名窑稍有常识者，都不难发现这种观点的附会与牵强，因为无论是从器物的造型、胎质还是釉色、纹理等方面来考量，两者之间的区别还是比较容易辨识的。

第二种观点以为，所谓官窑指的就是位于浙江杭州凤凰山的南宋修内司官窑，即北宋官窑根本不存在。关于这一点，不仅顾文荐在《负暄杂录》中已明确表示北宋官窑的存在，而且最早记载南宋官窑的历史文献——南宋文人叶寘的《坦斋笔衡》也从另外一个角度予以了证实：

清代仿官窑双耳彝炉

高8.3厘米，口径11.4厘米，现藏于英国伦敦大英博物馆。

中兴渡江，有邵成章提举后苑，号邵局，袭故京遗制，置窑于修内司，造青器，名内窑。澄泥为范，极其精致，油（釉）色莹彻，为世所珍。后郊坛下别立新窑，比旧窑大不侔矣。余如乌泥窑、余杭窑、续窑皆非官窑比，若谓旧越窑，不复见矣。

很显然，叶寘所谓的"袭故京遗制"，就是指南宋修内司官窑承袭北宋官窑之旧制。

第三种观点应该说比较客观，那就是认为北宋汴京官窑与南宋修内司官窑都曾设立过，只是至今不曾发现这两处名窑遗址的确切位置罢了。至于南宋另外一处官窑——郊坛官窑遗址之所在，因为早在20世纪初就已经被发现，所以关于其存在与否是没有任何异议的，但是自该窑址在杭州南郊乌龟山一带被发现以来，竟遭到唯利是图的古董商人的肆意盗掘，所出土的瓷器碎片也充斥了杭州与上海那个时代的文物市场，好在1950年由浙江省文管会对郊坛官窑遗址进行了小规模发掘，从而在发现一座窑炉及大量瓷片、窑具的基础上，使南宋郊坛官窑的存在成

南宋郊坛官窑遗址

此处为官窑使用的龙窑炉遗址。龙窑呈长条形，依山坡所建，由下自上，如龙似蛇，故名。使用龙窑烧制瓷器，有受热比较均匀、产量大等特点。

为了一桩不容置疑的史实。

两宋这 3 处官窑所烧造的瓷器各自有什么特点呢?

首先,既然明人曹昭在《格古要论》中有"汴京官窑色好者与汝窑相类"之评,那么上文梳理汝窑瓷器之特色也应该适用于北宋官窑瓷器。确实,汝窑瓷器所特有的天青色、蟹爪纹与因为满釉烧造而出现三五不等的支钉烧痕,在北宋官窑瓷器上都有不同程度的体现。比如现藏于北京故宫博物院的北宋官窑圆洗,不仅器物内外都满施釉色,而且底部支钉烧痕最少者有 5 个,最多的竟然达到 15 个,仅此即可表明汝窑对北宋官窑之影响,或者直接说烧造北宋官窑瓷器的匠师就来自于汝窑。

另外,由于北宋官窑的烧造时间仅在宣政年间(1111—1125),所烧造的瓷器也只供应给宫廷大内所使用,且是有命则烧、无命便停,所以流传于世的北宋官窑瓷器是极为珍稀的。然而,在民国二十年(1931)"九一八事变"之前,一件北宋官窑翠绿双耳彝炉却出现在北京的古玩市场上,并演绎了一段至今也无法考证的神秘奇事。

话说这一天,北京东四牌楼保粹

宋代官窑圆洗

高 5 厘米,口径 15.5 厘米,现藏于中国台北"故宫博物院"。

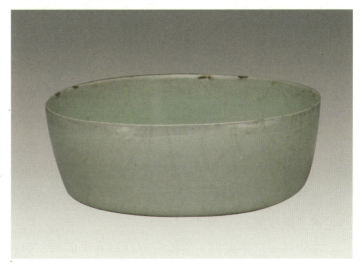

斋古玩铺经理崔仲良刚开门营业不久，前清宫里的一名老太监就挎着一只蓝布包袱登门来访，崔仲良急忙迎上前去热情接待，老太监稳稳地坐进红木官帽椅之后，细声细气地说他有一件古玩想出手，说着便打开蓝布包袱露出一只明黄色团龙锦匣，锦匣的黄绫子签上有一行正楷小字——北宋官窑翠绿双耳彝炉，这不由使崔仲良眼前一亮。而当那老太监打开锦匣露出其中物件时，更让鉴定过千百件宋元明清瓷器的崔仲良心跳加速起来。只见装潢考究、富丽堂皇的锦匣里，卧着一件釉色莹润葱绿的瓷器，其造型恰似夏、商、周三代流行的青铜器，小心拿在手里再细细鉴赏全器，则发现釉中开片不似哥窑纹理，而口沿及底部釉色较厚，透过底部支钉烧痕稍微露出的瓷胎本色，完全是御窑厂制作的那种坚密胎骨，由此可知这件瓷器当属稀世珍宝。

看罢，崔仲良随即出资购藏了这件北宋官窑翠绿双耳彝炉。奇货可居，只等待着既懂行又舍得出大钱的买主上门了。不料，随后在北京古玩行却传出了种种揣测，揣测主要集中在两个方面：一是崔仲良到底出资多少购藏了这件珍宝，有的说是 1000 块大洋，有的则说是 2000 块大洋；二是这件珍宝到底是何来路，有人说是崔仲良从串货场上买的，有人认为是山西老客送上门的，还有人信誓旦旦地说是从某王府里买来的。

对于这两方面的传说，崔仲良始终保持沉默，而当有人说他的这件珍宝根本不是北宋官窑瓷器，而是龙泉窑所烧造时，他才不紧不慢地反驳一句说："肯定是北宋官窑。"

就在北京古玩行人对这件珍宝众说纷纭之际，在上海古玩行有"四大金刚"（戴福葆、张仲英、仇炎之、洪玉琳）盛誉的四人之一的洪玉琳来到了北京，这位背后有大银行家力挺的年轻古玩商，不仅精通历代陶瓷之鉴赏，而且财大气粗，出手阔绰，购藏古玩向来是该出手时就出手，从来也不拖泥带水。不过，洪玉琳此次进京原本并没有看好保粹斋，因为崔仲良经营的这家古玩铺一直买卖行话所谓的"礼货"，也就是官场上相互赠送的零碎小玩意儿，所以他逛过荣兴祥与天和斋两家古玩铺没买到中意好货之后，便跟着腿脚顺路走进了保粹斋。

崔仲良一见是来自上海古玩界赫赫有名的洪玉琳，遂热情接待并拿出了一直密藏的那件北宋官窑翠绿双耳彝炉。此前，洪玉琳虽然也不曾见识过真正的北宋官窑瓷器，但是当他面对这件珍宝时立即就被其所吸引，决心购藏这件稀世珍宝。面对洪玉琳这样的买主，崔仲良察言观色后咬着牙提出了 1.2 万块大洋的要价，洪玉琳还价 2000 块最后以 1 万块大洋成交。两人完成这笔交易后，都心照不宣地秘不外传。

第二年，南北两大古玩市场便传出洪玉琳发大财的消息，缘由是他将那件北宋官窑翠绿双耳彝炉卖到了国外，至于到底是卖给了大英帝国博物馆还是美国博物馆，至今也没人能说得清楚明白，反正那一次洪玉琳获利达数万美元，而崔仲良也随之在北京古玩界声名鹊起。更因为出售北宋官窑翠绿双耳彝炉而与郭静安、孙瀛洲成为北京古玩界鉴定经营明清官窑瓷器三大干将之一，随后还经手出售过明永乐甜白瓷碗与明宣德青花瓷盘等著名官窑瓷器，并以这两次交易所得 100 两黄金购买了一处前后三进多达 100 余间房屋的大四合院。

1957 年底，北京文物业同业公会举行了一次"反右"批斗会，崔仲良因目睹同业会主任、同行老相识邱震生惨遭狂风暴雨般的批斗阵势而受到惊吓，在回家途中竟死在了人力车里，时年正值 60 耳顺之际。随后，老北京

明永乐甜白瓷碗

高 10.2 厘米，口径 20.9 厘米，现藏于英国伦敦大英博物馆。

古玩行流传出了"批斗北京文物业同业会主任邱震生，吓死了保粹斋经理崔仲良"这则史话，如今经知情人陈重远先生绘声绘色的讲述，又勾起了老北京古玩行人及后世人们的唏嘘慨叹。

至于南宋两处官窑所产之瓷器特色，历史文献中都有所记述。比如，对于南宋修内司官窑所产之瓷器，明人高濂在《遵生八笺》中还连带着将该处窑址的位置指了出来，他这样记述道：

宋官窑大瓶

高34厘米，现藏于美国纽约大都会博物馆。

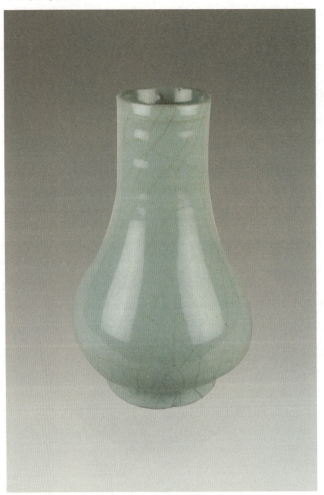

> 官窑在杭州凤凰山下，其土紫故足色若铁，时云紫口铁足，乃器上仰，溜水流下比周身较浅，故口露紫痕，此何足贵，惟尚铁足，以他处之土咸不及此也。

由此可见，修内司官窑烧造瓷器最显著的特征，就是类似哥窑瓷器的"紫口铁足"。除此之外，明人曹昭在《格古要论》中也对修内司官窑瓷器特色，进行了更加详尽的记述：

> 官窑器宋修内司烧者土脉细润，色青带粉

红，浓淡不一，
有蟹爪纹，紫口
铁足，色好者与
汝窑相类；有黑
土者谓之乌泥
窑，伪者皆龙泉
所烧者，无纹路。

在这里，曹
昭根据修内司官
窑烧造瓷器的胎

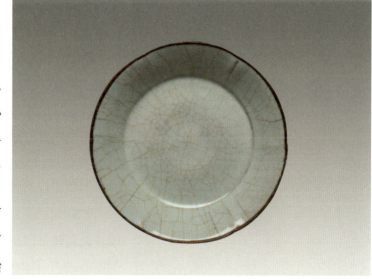

南宋官窑瓷盘

口径21.9厘米，现藏于美
国纽约大都会博物馆。

质、釉色与纹路之不同，分别与汝窑、乌泥窑及龙
泉窑相比较，从而让人们对南宋修内司官窑瓷器有
了一个轮廓印象。而与修内司官窑一脉相承的，就
是建造于杭州乌龟山一带的南宋郊坛官窑了，当然
该窑所烧造的瓷器特征，也与修内司官窑瓷器的特
色相一致。因此，明人高濂在《遵生八笺》中则将
南宋两处官窑合并起来与哥窑相比较，他说：

（修内司与郊坛）官窑品格大率与哥窑相同，
色取粉青为上，淡白次之，油灰色之下也；纹取冰
裂鳝血为上，梅花片墨纹次之，细碎纹纹之下也。

由以上文献记载内容可知，南宋官窑应该是汲
取了汝窑、乌泥窑、龙泉窑及哥窑这4处著名瓷窑
之工艺，从而烧造出了驰名世界的精美瓷器。比如，
现藏于天津艺术博物馆的一件南宋官窑瓷盘，无论
从端正俊秀的造型、干净利落的线条，还是厚润滑

南宋官窑梅瓶
　　高27.3厘米，现藏于英国
伦敦大英博物馆。

腻的釉色、紫口铁足的胎质，抑或是大中套小、深浅不一的开片纹路，都让人们比较全面地了解了南宋官窑瓷器之特征。

　　特别是这件南宋官窑瓷盘上的开片，不仅内外有别、重叠错综，而且纵横交错得恰如变化多端的蛛网一般。但是无论是壁外的大开片，还是壁内细密的小开片，彼此之间却并不相通，也就是说这种原本由于瓷胎与胎釉在冷热不均炉火中导致收缩率不同而形成的瑕疵，既没有使器物出现渗漏的残缺，又在无意中为原本不以纹饰取胜的南宋官窑瓷器增添了一种别样的装饰之魅。

　　如此，岂不妙哉！

北宋钧窑玫瑰紫釉瓷碗
——"猫鱼儿"碗　价值万贯

　　旧日古玩行有这样一句俗谚："家有万贯，不如钧瓷一片。"而民国十年（1921）前后，老北京东四牌楼以北钱粮胡同里的一户大宅门内，竟然用一只名贵珍稀的北宋钧窑玫瑰紫釉瓷碗盛猫鱼儿（猫食）喂猫，随后这只"猫鱼儿"碗在中外古董商间演绎了一连串的奇闻怪事。

　　话说这一天，一位肩搭"上马子"（白布袋子）的喝揉人来到东四牌楼附近的钱粮胡同，一边打着小鼓往前慢慢走，一边高声吆喝着。突然从一户大宅门里闪出一位年纪约40来岁的男仆人，不过他没有拿什么金银首饰卖给喝揉人，而是悄悄地跟随喝揉人往隆福寺一条小胡同里走去。直到离开那户大宅门里人们的视线时，他才叫住喝揉人说是有件东西让他看看，说着便从怀里掏出一只天青色瓷碗。喝揉人见是一只瓷碗，碗里还残存有一点猫鱼儿，遂告诉他说自己是收金银首饰的不要瓷碗。

　　男仆人闻听，用衣袖擦了擦瓷碗里的猫鱼儿说，你看看这碗里的红釉多好看啊。喝揉人抬眼看了看说，喂猫用的大粗碗有红釉也不值钱。男仆人接着说，他在大宅门里20多年了，这只瓷碗原是老太爷珍藏在一只锦匣里的宝贝，老太爷去世后不知为何用它喂猫了。喝揉人回答说，你说的有可能，你家老太爷当宝贝的东西，少爷也许不把它当宝贝才拿出来喂猫的。男仆人顺着喝揉人说，不管它是不是宝贝你看能值多少钱吧。喝揉人漫不经心地说，我看不值钱，你要是非卖不可的话，我就冲着碗里的那块红釉给你一吊钱。

喝揉人

喝揉人是老北京走街串巷收购残破金银首饰的小商贩。

男仆人回答道，一吊钱太少你给两吊钱吧。

走街串巷的喝揉人毕竟比大宅门里的男仆人见多识广，他心想听说红蓝相间的瓷器叫窑变，如果真是窑变碗的话，两吊钱也不算什么，就这样两人完成了这笔交易。

随后，喝揉人来到位于齐化门附近一家名叫德聚成的小古玩铺，告诉掌柜的高四说他买了只窑变碗，想请高四爷看着赏他几个钱收了。当时，正躺在小土炕上抽大烟的高四并没起身，而是让喝揉人将瓷碗拿给他看看。于是，喝揉人便将碗递给了高四，高四眯缝着眼睛看了半天才说是窑变，问喝揉人想卖几个钱，喝揉人回答说您就给 10 个烟泡钱吧。高四合计了一下说，10 个烟泡一块二，我给你一块那两毛就不给了，于是这笔交易就完成了。

高四收购这只瓷碗后，顺手将它放在了货柜上，而这一放就是近两年的时间。这一天，他突然心血来潮，让徒弟到设在故宫紫禁城武英殿与文华殿的古物陈列所去参观，这让平日里难得一逛的小徒弟非常高兴。待他来到古物陈列所后才发现，原本只闻其名不见实物的各种文玩古董这里是应有尽有，这可让他那双小眼睛不够使的了。
突然，他见陈列柜里有一组4只瓷碗竟与放在德
聚成店铺里的那只十分相像，不由瞪大小眼睛仔
仔细细地看了好几遍，认定这4只瓷碗与店铺里
的那只一模一样。

小徒弟回到德聚成古玩铺，便将自己所见告诉
了掌柜的，一开始高四并没太在意，后见小徒弟
急赤白脸的模样，便拿出货柜上的那只瓷碗反反
复复地看了起来，然后又亲自跑到古物陈列所里
验看。隔着玻璃罩认真观察陈列在一架红木雕花
隔子里的那4只北宋钧窑瓷碗，高四越看越觉得
这碗竟与自己货柜上的那只极为相像，遂认定自
己在无意中得到了一件宝贝。

钧窑天青釉瓷盘

口径19.9厘米，现藏于英
国伦敦大英博物馆。

第二天，高四来到琉璃
厂邀请大观斋的萧书农、铭
珍斋的韩敬斋、博韫斋的杨
伯衡与延清堂的安溪亭等几
位鉴定瓷器的名家到德聚成
鉴赏这只瓷碗。几位名家一
见这只天青色瓷碗，那釉色
恰似蛋白石光泽一般呈乳浊
状，碗内外点缀着几块玫瑰
紫色的晕斑，真像是蔚蓝色
天空中飘荡着的几朵彤云，
给人一种诗情画意的感觉。
再细看犹如芝麻酱色的胎
骨，几条不规则的细线就像
是蚯蚓在泥土中游走时所留

下的痕迹，几人一致认定这正是稀世罕见的北宋钧窑天青釉瓷碗。

面对稀世之宝，德聚成掌柜高四极为兴奋，参与鉴赏的几位古董商也都向他表示祝贺，祝贺他捡了一个天大的漏，同时也都表露出想收购这只钧窑瓷碗的意愿。高四不懂钧窑瓷器的行情，漫天要价说非10万大洋不卖，这让参与鉴定的几位经营瓷器名家都吓了一跳。铭珍斋经理韩敬斋声言这只钧窑瓷碗在老北京最多能卖三四千块大洋，他愿意出5000块大洋将它带到广州或香港出售。这与高四要价10万大洋的期望相去甚远，双方没能做成这笔交易。

两年后，因为第二次直奉战争的爆发，冯玉祥将军在北京发动政变，不仅将贿选的大总统曹锟囚禁在中南海延庆楼中，还把逊帝溥仪等人赶出了他们盘踞多年的紫禁城，致使北京城内包括古玩行在内等诸多行业都陷入低谷，小古董商高四开设的德聚成更是濒临破产。就在这时，善于算计的彬记大古董商岳彬瞅准时机，向高四提出他愿意出资8000块大洋收购这只钧窑瓷碗。可是心气依然不减的高四认为至少也得1万块大洋不可，两人经过一番讨价还价后终未成交。

不久，高四手中藏有稀世珍宝钧窑瓷碗的消息传到了上海，集萃阁经理王明吉因为经常走私文玩古董到英国去牟取暴利，对国外当时正掀起的"钧窑热"了如指掌，便专程来到北京想收购高四手中的这只钧窑瓷碗。不过，精明的王明吉没有立即去找高四商谈收购钧窑瓷碗的事，而是先探听韩敬斋与岳彬等人收购不成的出资底细，然后又从高四的徒弟那里得知高四当时正捧着这只"金碗"借钱吸食大烟。

于是，在一个凄冷阴暗的天气里，犯了大烟瘾的高四急忙让徒弟去买大烟，那个徒弟已经被王明吉以20块大洋买通了。他先是将高四犯烟瘾的消息透露给王明吉，然后又回到德聚成古玩铺告诉师傅说附近烟馆都被冯玉祥将军查封了，他买了些点心回来让师傅先垫垫，再到高丽人开设的烟馆去买大烟。犯了烟瘾的高四根本吃不下点心，不一会儿连鼻涕、眼泪、哈喇子都流了出来。这时，王明吉来到德聚成与高四商谈收购钧窑瓷碗的事。勉强支撑起来的高四，得知王明吉愿意出资1万块大洋后，两人很快达成了这笔交易。

到了民国十五年（1926）前后，就在老北京古董商依旧热议王明吉出资

1万块大洋购得这只钧窑瓷碗的时候，从上海传来消息说王明吉已经以1.5万元英镑的价格将那只钧窑瓷碗卖给了英国人，至于是何人出此天价购藏了它，至今也无人知晓。而两年之后，老北京古董商还得知消息说，那足以在京郊购置300亩良田的1万块大洋，已经被高四这个大烟鬼从烟枪里吐得干干净净。那么，享有"黄金有价钧无价"之誉的钧窑瓷器到底有何神秘价值呢？

北宋钧窑天青釉长方花盆

高21.3厘米，现藏于美国旧金山亚洲艺术博物馆。

作为宋代汝、官、哥、钧、定五大名窑之一的钧窑，其诡秘神奇之处就在于变幻莫测的窑变色釉，那种红里透紫、紫里藏青、青中寓白、白中泛红的乳浊状色彩，实在无法用语言或文字所能表达其万一，真可谓是世所罕见、神鬼莫辨。传说，北宋初年在河南禹州（今河南禹县）神垕镇有一位李老汉，他和儿子开设了一座小瓷窑，专门烧制民用青釉瓷器，虽然父子俩常年起早贪黑地忙碌，一家人的生活依然过得很艰难。

这一天，一窑新瓷刚刚烧成，儿子打开窑门时却被眼前景象惊呆了。原来，满窑青釉瓷器中竟有几件釉色呈现出紫红色，犹如几位略施粉黛的美女一般亭亭玉立在其中，显得格外惹人眼目。儿子急忙喊来父亲李老汉，烧窑一生的李老汉也大吃一惊，因为这种釉色是他从来不曾见过的。突然间，李老汉似乎想起了什么，慌忙让儿子在窑门前摆上香案，并拿来几件果品恭恭敬敬地放在上面，拉着儿子扑通一声跪倒在地，双手合十连连磕头不止。迷信的李老汉认为这一定是窑神爷显灵，才使自家烧制出如此神奇的瓷器来。此后，李老汉每烧一窑新瓷器之前，都会虔诚地在窑门前点上3炷香，祈求窑神爷保佑他家能够窑窑都烧出同样美妙的瓷器来。

然而，此后窑神爷并没有保佑李老汉烧出同样釉色的瓷器，这让李老汉感到很是纳闷。随后，李老汉围着小瓷窑不停地转悠起来。突然，他在炉窑拐角处发现了一小撮细微的粉末，蹲下身子细瞧时才看清原来是一种金属屑，李老汉找来儿子询问，儿子想起几天前有一位修理铜铁器具的工匠路过这里，天正下雨而那位工匠又没带雨具，他便请工匠到自己炉窑里避雨，避雨时那位工匠一边与他闲聊，一边不停地忙着手里的活计，这些金属粉末就是那位工匠锉铜盆时留下的。有心的李老汉将这些铜屑收集起来，特意掺和在胎料中制作成瓷胎，这些掺入铜屑的瓷胎烧制成型后，果如那几件窑变瓷器一样美妙绝伦。李老汉家再次烧出神奇瓷器的消息传开后，当地窑工纷纷来到神垕镇登门请教，李老汉倒也没有保守秘密，于是又经几代窑工不断地探索研究，终于烧制出了釉色万紫千红、器型千姿百态的钧窑瓷器来。

民间传说的真实性虽然不可考证，但是经过现代科学仪器对钧窑瓷器成分进行检测后发现，钧窑瓷器釉色中确实含有0.1%～0.3%的氧化铜。

钧窑名列宋代五大名窑之一的时间，应该是始于北宋末年。原来，那位著名书画家皇帝宋徽宗赵佶在执政期间，不仅大兴土木建造气势恢宏的宫殿建筑，还亲自设计建造了诸多大型园林，这些园林里既有人工堆砌挖掘的山水胜景，又有从全国各地收集来的奇花异草，这就需要大量陶瓷制品用于宫殿内陈设及栽种花木。

有一次，宋徽宗偶见河南禹州烧造的钧窑瓷器，对那丰富美妙的釉色产生了强烈喜好，遂从民间调集大批优秀窑工来到禹州城北一个名叫八卦洞的地方，建立官窑专门负责烧造宫廷用瓷。宫廷用瓷有一套极为严格的检验制度，凡是不合格者必须砸碎后就地深埋。另外，钧窑瓷器采用二次烧造成型的方法，也就是先将素胎烧成后再施釉重新入窑烧造，而这种烧造方法需要极为复杂精密的技术，往往烧制出的瓷器多有不合格者，遂使钧窑有"十窑九不成"之说，由此可见钧窑瓷器之珍稀贵重，而这不仅成就了钧窑瓷器名扬天下的声誉，也使"官钧"瓷器在民间显得极为罕见珍稀。"官钧"瓷器在民间之所以极为罕见，还有一个特别重要的原因，那就是几乎每件"官钧"瓷器底部都刻有从一至十不等的数字，而关于这个至今仍众说纷纭的数字的来历与作用，同样有一则传说。

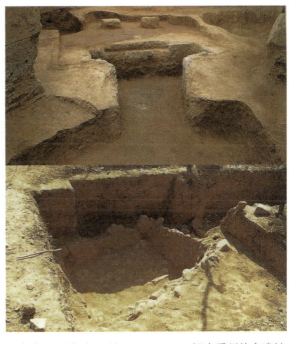

河南禹州钧窑遗址

传说，宋徽宗初建钧瓷官窑时，不仅要求按照皇宫设计的样式烧造，而且还有一套极为严格的检验程序，只有挑选合格者才能被运进皇宫备用。有一年进贡"官钧"瓷器的时候，一位杨姓督窑官亲自挑选并专程押运这批瓷器花盆进京，来到京城汴梁（今河南开封）还需经过检验官查验合格后才能运送进宫。不料，这位检验官眯缝着眼睛对这批总共只有36套钧窑花盆反复检验后，竟然连一句话也没说就将这批"官钧"花盆运进了宫。

面对这批烧造精妙绝伦的"官钧"花盆，宋徽宗开始时满面春风喜形于色，可是看着看着脸色却突然阴沉下来，叱责说花盆与盆托为何都不配套。这时，在场官员们才发现小花盆下放有一个

钧窑玫瑰紫釉花盆及盆托

大盆托,而大花盆下则摆有一个小盆托,使36套"官钧"花盆没有一套协调的。就在宋徽宗发怒将要惩治杨姓督窑官时,一位大臣上前启奏说应该把他召来当面质询问罪。杨姓督窑官进宫见驾得知情由后,立即明白原来是那位检验官从中使坏将所有花盆与盆托都调换了,于是他当场将花盆与盆托进行了调整组合,果然使每一个花盆与盆托都大小匹配、珠联璧合,这让宋徽宗不由转怒为喜,重赏了杨姓督窑官。

事后,杨姓督窑官依然有些忐忑不安。一次,他厚待了一位衣衫褴褛的老人,临走时老人写下一张纸条留给杨姓督窑官,并叮嘱杨姓督窑官说这个纸条也许对他有用处。

老人走后,杨姓督窑官打开纸条一看,只见上面写着"一对一,二对二,背朝天,写数字"12个字,杨姓督窑官经过一番苦思冥想后,终于一拍大腿恍然大悟。"一对一，二对二"，是指同一型号花盆应配同一型号盆托，而"背朝天，写数字"，就是要求把花盆与盆托翻过来，把同一数字刻写在器物底部，这样花盆与盆托就不会混淆了。再后来，人们还以此来辨识器物尺寸型号的大小。比如，现代考古资料已经证明，钧窑瓷器底部所刻数字越小就表明器型越大，数字越大则器型越小，也就是说数字为"一"者尺寸最大，数字为"十"者尺寸最小。因此，假如民间发现底部刻有类似数字的钧窑瓷器，那就肯定是价值万贯的"官钧"瓷器。

原本为夏禹都城的河南禹县，在夏启夺得王位后曾召集各部落首领到禹县北门外"钧台"举行盛大的庆祝宴会，待到宋徽宗在这里开设官窑烧制瓷器时，便以地名曰之"钧瓷"。

南宋哥窑米黄釉穿带瓶
——相似遗恨　不堪回首

作为悠久而辉煌的中国陶瓷史上几大悬案之一——哥窑之谜，不仅窑场遗址至今尚未发现，而且人们对于哥窑的认识也只停留在文献记载与极少数传世品上。因此，本文讲述这对南宋哥窑米黄釉穿带瓶的故事，旨在透露有关哥窑瓷器的点滴信息，何况其中还留存有一段刺痛人心的遗恨呢。

查阅典籍可知，关于哥窑最早的文字记载当属明宣德三年（1428）《宣德鼎彝谱》中的一段内容"内库所藏柴、汝、官、哥、钧、定各窑器皿，款式典雅者，写图进呈……"，其中除了柴窑迄今为止不见器物亦不见窑址外，所余者就是众所周知的代表中国古代制瓷业非凡成就的宋代五大名窑。

在这五大名窑中，只有位于河北曲阳涧磁村一带的定窑属于白瓷系列，其他四大名窑都是各具特色的青瓷系列，尤以哥窑最为神秘而特色鲜明。比如，在刊刻于明嘉靖四十五年（1566）的《七修类稿续编》中，就有这样一段文字记载：

哥窑与龙泉窑皆出处州龙泉县，南宋时有章生一、生二弟兄各主一窑，生一所陶者为哥窑，以兄故也，生二所陶者为龙泉窑，以地名也；其色皆青，浓淡不一；其足皆铁色，亦浓淡不一，旧闻紫足，今少见焉，惟土脉细薄，釉色纯粹者最贵；哥窑则多断纹，号曰百圾破。

由此可知，与哥窑并生的还有亦称"弟窑"的龙泉窑，且两窑所出瓷器极为相近，虽然"弟窑"瓷器享有"青如玉、明如镜、声如磬"之美誉，但是哥窑所独有的"金丝铁线"装饰风格，则使其超越"弟窑"而名列宋代五大名窑之一。

那么，"金丝铁线"到底是怎样一种美轮美奂的装饰效果呢？其实，所谓的"金丝铁线"，就是指哥窑瓷器的釉面裂纹，专业术语叫作"开片"，也有"百圾破"或"百圾碎"之称。这种原本由于瓷器在冷却时胎釉收缩率不同所造成的缺陷，反而因为布满器身的大开片中套有小裂纹，竟使其具有一种与众不同的装饰效果。比如，对于在窑炉中形成的大开片，窑工们在裂缝中嵌入褐色紫金土，使不规则的裂缝好似铁丝网一般，故称之为"铁线"；又比如，瓷器出窑后由于釉面继续收缩，又形成了极为细小的金黄色开片，这就是所谓的"金丝"。而正是这种"金丝铁线"的开片，构成了哥窑至今也无法仿制的独特风格。

当然，除了"金丝铁线"这种装饰风格之外，

宋代哥窑葵瓣口碗

高7.3厘米，口径19.1厘米，现藏于美国纽约大都会博物馆。

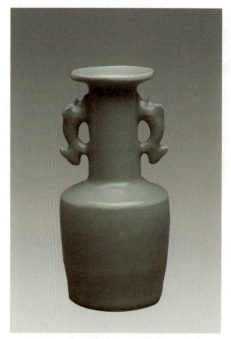

南宋龙泉窑双耳瓶

高 17.1 厘米，现藏于美国纽约大都会博物馆。

哥窑与弟窑还有一个共同特征——紫口铁足。"紫口"是由于釉面流淌后在器物口沿部位形成脱釉而使其露出胎质本色之紫色，"铁足"则是窑工们在器物底部所施的一种酱色釉。这种上下辉映的紫口铁足特征，同样是哥窑瓷器不易仿制的一大装饰风格。比如，1970 年南京市博物馆发掘明洪武四年（1371）汪兴祖墓时出土的 11 件哥窑瓷器，就为明人曹昭在《格古要论》中指出"旧哥窑，色青，浓淡不一。亦有铁足紫口，色好者类董窑，今亦少有。成群队者，是元末新烧者，土脉粗躁，色亦不好"的特征提供了实物佐证，特别是没有"金丝铁线"这一鲜明特征，足以表明这 11 件哥窑瓷器应属元末仿制品。

正是由于哥窑瓷器具有这两种不易仿制的特征，以及传世品极为稀有少见之故，往往只有皇家宫室里藏有哥窑瓷器，所以当一件哥窑瓷器在市面上出现时，便足以引起古董商与收藏家的浓烈兴致了。

清咸丰十年（1860）十月的一天，在京城前门大街五牌楼附近一家名叫裕古斋的古玩铺里，一位 50 多岁的不速之客告诉古玩铺王掌柜说，他在珠市口看见一个喝醉的洋鬼子扔下了一只包袱，便将其捡起来一直走到鲜鱼口才打开，发现里面竟然是一件完好无损的瓷器，所以他就拿到裕古斋来请求鉴定。精通瓷器鉴定的王掌柜经过细致鉴别，确认这是一件南宋哥窑米黄釉穿带瓶，而这种珍稀瓷器只有皇家才有珍藏，因此他断定这件瓷器一定是当时占据北京的英法联军从清宫中劫掠而来的。

不过，精明的王掌柜并没有如实说出自己的这一判定，而是告诉来客说他愿意出100两白银收购这件瓷器，前提条件是来客不能将此事告诉他人。来客明白王掌柜的谨慎小心，因为当时民间买卖或私藏御用瓷器是要犯王法的，只是他不明白这件瓷器竟是一件稀世珍宝，所以满口答应王掌柜所提条件，双方就这样做成了这笔生意。

王掌柜巧得南宋哥窑米黄釉穿带瓶后，一直将其珍藏在裕古斋内秘不示人。约到民国十年（1921），王掌柜的两个儿子关张裕古斋店铺分家时，这件稀世之珍才分归少掌柜王少泉所有。不料，王少泉去世后由于他的儿子王秋蒲不懂文物古玩，遂使这件稀世之珍先是成为家中条案上的一件平常摆设，后来竟被不值几文的新瓷器摆件所替代并弃置廊檐下。

在一个偶然的机会里，裕古斋老掌柜的徒弟、王少泉的师兄张昇甫发现了它，遂在利益驱动下以花言巧语骗走了这件稀世之珍。随后，张昇甫将这件稀世之珍以1000块大洋卖给琉璃厂的古玩铺雅文斋，虽然事后他分给王秋蒲500块大洋，但是这位在北京古玩行里属于"二把刀"的行内人还是被"打了眼"，因为雅文斋萧书农、范岐周与陈中孚这3位鉴定宋元明清瓷器名家的心里

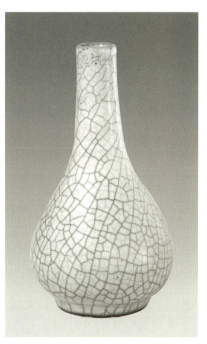

宋代哥窑胆式瓶

高14.2厘米，口径2.2厘米，现藏于北京故宫博物院。

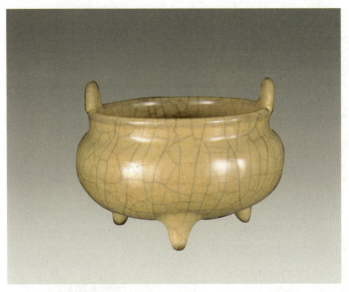

宋代哥窑米黄釉鼎式炉

高8.4厘米，现藏于台北"故宫博物院"。

都很明白，这件南宋哥窑米黄釉穿带瓶岂是区区1000块大洋之所值。

果然，当雅文斋"捡漏"得到南宋米黄釉穿带瓶的消息传出后，中外古董商纷纷登门要求重金收购这件稀世之珍，雅文斋经与先后登门的日本山中商会经理高田、卢吴公司北京代理商叶叔重，以及闻讯专程赶来的上海古董商王明吉与管复初三方讨价还价之后，最终以4500块大洋卖给了王明吉与管复初这两位上海来的古董商。

半年之后，老北京琉璃厂古玩行却得知了一个令人愤慨的消息：长年与英国伦敦博物馆进行中国珍贵文物古玩交易的王明吉与管复初二人，竟将这件72年前没被洋鬼子抢走的稀世珍宝，以1万英镑的价钱卖给了这家博物馆，只是至今也不曾有这家博物馆展出这件南宋哥窑米黄釉穿带瓶的信息。

就在雅文斋将南宋哥窑米黄釉穿带瓶售与上海古董商王明吉与管复初之后不久，主要鉴定经营古代书画的韵古斋古玩铺掌柜韩少慈来到雅文斋，邀请二掌柜范岐周帮忙鉴定一件瓷器。当范岐周应邀来到韵古斋时，他发现这件高约35厘米、腹部腰围约40厘米的米黄釉穿带瓶，不仅造型、胎质、胎色与雅文斋先前出售的那件南宋哥窑米黄釉穿带瓶相一致，就连釉面与开片纹理等也极为相近，这不由使他感到十分新奇。

范岐周向韩少慈询问这件瓷器的来历，韩少慈坦诚相告说是韵古斋"瓷器把式"徐少山以2000块大洋从大兴县乡村一家破落户所收购，据说这家破落户原本在京城里开设过古玩铺。闻听这一信息，范岐周经与韩少慈两人商定，由雅文斋以4000元底价从韵古斋"搂"走这件瓷器代卖。

回到雅文斋后，范岐周与萧书农、陈中孚3位师兄弟开始进一步对这件瓷器加以鉴定，一致认为这件瓷器应该是与他们先前出售的那件南宋哥窑米黄釉穿带瓶是一对。至于这件哥窑瓷器为何是在大兴县乡下被发现，他们不约而同地想到了老北京琉璃厂古玩行的前辈权威人物祝晋藩，因为祝晋藩祖上自满清入关后就隐居大兴县乡下，而且他们早年还从师傅、大观斋掌柜赵佩斋口中听说了关于祝晋藩巧买南宋哥窑米黄釉穿带瓶的故事。

这是英法联军火烧圆明园的第三天晚上，从大兴县庞各庄来京城前门外珠市口街开小酒馆的刘明刘老六，接待了两个英国鬼子兵。不知深浅的洋鬼子连一斤高粱烧老白干还没喝完，便醉得东倒西歪地离开了酒馆。庄稼汉

哥窑米黄釉穿带瓶

高24.4厘米，口径17.3厘米，现藏于英国伦敦大英博物馆。瓶口内侧蒙有乾隆皇帝御题诗：百圾虽粉抚则平，处州陶实出难兄。一般朴质称珍重，那诚精工宣与成。

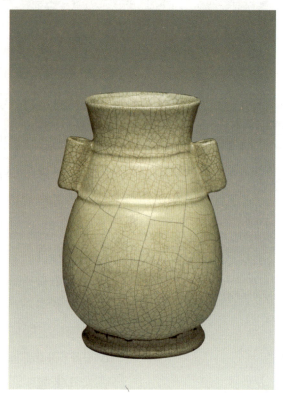

《圆明园四十景图咏》

1860年，圆明园在英法联军之役中被焚毁，园中的珍宝和陈设物也尽数被劫掠。此后，圆明园历经战乱劫掠，现时仅存遗址。《圆明园四十景图咏》是根据乾隆皇帝的旨意，于乾隆九年（1744）由宫廷画师唐岱、沈源绘制而成的40幅分景图。

出身的刘老六原本做的就是小本生意，他见两个洋鬼子没付钱就走出了酒馆，便追出来嚷嚷着讨要酒钱。见状，那两个洋鬼子也哇哩哇啦乱叫起来，由于双方都听不懂对方语言，只能是连嚷嚷带比画地表达着各自的意思，终于刘老六明白两个洋鬼子在酒桌下放有一只挎包算是酒钱。刘老六回到酒馆找出那只挎包，发现里面有一个一尺多长、6寸多宽的锦匣，锦匣外边的黄绫签上写有"南宋哥窑穿带瓶"7个正楷字，签上还写着编号，打开锦匣后见有一件瓷瓶卧在黄绸软囊中，他似乎突然间明白了什么，随即迅速地将锦匣盖扣上。

待到天色完全黑下来之后，刘老六用蓝布包包裹着这只锦匣，手提一只纸糊灯笼来到东琉璃厂一家三间门脸的古玩铺前，他想请这家古玩铺的掌柜祝晋藩为他鉴定这件瓷瓶。原来，刘老六与祝晋藩同是大兴县庞各庄人，彼此之间虽然门第贫富相差极大，但是他们毕竟是同出一村来到京城里做生意之人，因此他首先想到应该请"咸同年间鉴定第一人"的同乡祝晋藩帮他鉴定。

问明缘由，祝晋藩打开刘老六携带的那件蓝布包，当即就被布包里那锦匣的富丽包装及签上题字与编号所吸引，他断定锦匣内所存必是珍贵文物。果然，面对打开锦匣露出的米黄釉穿带瓶，祝晋藩随即从器物那"金丝铁线"与"紫口铁足"上辨识出这正是稀世之珍哥窑瓷器。另外，祝晋藩还从这件他认定为南宋哥窑米黄釉穿带瓶口内所刻一首乾隆皇帝御题诗上，更加确定这件珍宝此前肯定为清宫所藏。随后，祝晋藩实言告知刘老六说，这件瓷器原是皇宫中所藏珍品，民间私自买卖或收藏都是犯王法的事，他愿意出资 200 两白银收购这件瓷器，但是要求刘老六立即将小酒馆关闭回到大兴县乡下，从此不得再进京，更不能将两人交易这件瓷器之事告知他人。

庄稼汉刘老六明白祝晋藩这番话的利害关系，也明白 200 两白银足够他在乡下购置 20 亩土地，于是爽快地答应了这笔交易。从此，刘老六回归故里成了一个真正的庄稼汉，而祝晋藩购藏这件哥窑珍宝本希望能够世代相传，可最终却被不肖后人将其出售给了韵古斋。

雅文斋认定这件南宋哥窑米黄釉穿带瓶不仅与他们先前出售的那件哥窑瓷器是一对，而且还是经过"咸同年间鉴定第一人"祝晋藩所购藏。鉴于"九一八"事变对北方古玩市场造成严重冲击之状况，雅文斋决定由三掌柜陈中孚携带这件哥窑瓷器前往上海出售，并圈定上海达仁堂东家、著名陶瓷收藏家乐笃周为收购者。果然，当乐笃周见到这件南宋哥窑瓷瓶时，当即就爱不释手，出价 6000 块大洋购藏了。奇怪的是，乐笃周购藏这件南宋哥窑米

卢吴公司正在装卸文物

卢吴公司是中国近代史上最有名的私人文物进出口公司，由卢芹斋和吴启周组建。自1915年起，卢吴公司向美国出口文物长达30年，国宝不计其数，如"昭陵六骏"中的"飒露紫"和"拳毛䯄"。

黄釉穿带瓶不久，卢吴公司经理吴启周的外甥叶叔重，便从酷爱陶瓷收藏的乐笃周手中收购了这件哥窑珍宝，随后又将其走私到了法国。

至于叶叔重是如何从陶瓷收藏家乐笃周手中收购的这件南宋哥窑瓷瓶，又将其走私到法国后售与了何人，至今也没有知情人能够说得清楚，总之这件稀世之珍从此便销声匿迹不见消息了。难怪陈重远先生在晚年时这样骂道："合着72年前没被英法联军抢走的珍宝，今天反而卖给了人家。这真他妈的岂有此理！"

元青花"鬼谷子下山图"罐

——"鬼谷子"下山 惊天动地

2005 年 7 月 12 日，在英国伦敦佳士得拍卖行举行的"中国陶瓷工艺精品及外销工艺品"拍卖会上，一件元青花"鬼谷子下山图"罐以 1400 万英镑的价格，创造了亚洲艺术品在全球拍卖史上的最高纪录。

那么，这是一件怎样惊天地泣鬼神的中国瓷器，它又是如何流落到这场国际性拍卖会上的呢？

很显然，要想将这件创造了惊天拍价的中国瓷器之文化魅力解析得清楚明白，必须抓住"青花"与"鬼谷子下山"这两个关键词。青花，是指白地蓝花或蓝地白花这种釉下彩瓷器的统称。据考古资料表明，在中国陶瓷发展史上最具民族特色的青花瓷，起源时间的上限可以追溯到唐代，真正烧制成功或者说发展成熟则是元代的景德镇。确实，元青花的成功烧制堪称是中国陶瓷史上一件具有划时代意义的大事，它不仅为中国陶瓷家族增添了一朵瑰丽奇葩，而且对后世瓷器的发展鼎盛——明清彩瓷的成功烧制起到了极为关键的作用。

在元青花烧制成功之前，中国瓷器的发展进步主要体现在瓷器表面图案的装饰方面，而胎质、釉色等则难有什么大的起色变化。到了元代，由于景德镇瓷窑在白瓷胎料中引入了一种高岭土，使瓷石与这种耐高温的高岭土结合而成的"二元配方"得以确立，由此既进一步提高了瓷器的烧成温度，又使器物具有了坚韧挺拔不易变形等特点，从而得以烧造出以前从未烧造

元青花"鬼谷子下山图"罐

此罐腹径达33厘米，主体纹饰为"鬼谷子下山图"，描述了孙膑的师傅鬼谷子在齐国使节苏代的再三请求下，答应下山搭救被燕国陷阵的齐国名将孙膑和独孤陈的故事。

出的气势磅礴的大型作品。

至于引进一种钴料——苏麻离青作为瓷器上的着色剂，则使瓷器在烧成后一改以往那种淡灰青色，而呈现出极为浓艳鲜明的宝蓝色，这就为中国传统水墨画技法及欣赏意境进入瓷器图案带来了契机。诚如斯言，当景德镇瓷窑匠师在洁白如玉或纯青一色的细腻瓷胎上，以青翠欲滴的钴料绘制出一幅幅精美蓝彩图案后，再上一层透明釉后送入温度高达1300℃的窑炉内烧造时，他们将迎来一件件感觉精致、曼妙的青花瓷器的新鲜出炉，而由于画作被一层透明釉色所保护，从而历经数百年风霜雨雪的洗礼或岁月磨损也不会发生褪色变异，这就是元青花深受世人喜爱的一个重要原因。

这件元青花"鬼谷子下山图"罐，器型虽然不太规整，器身上还有如黄豆或玉米粒大小的凸起，但是细腻的胎质、莹润的胎体与浑厚的胎骨，再加上青花呈色浓艳、纹饰主次分明、人物刻画鲜活、山石皴染酣畅等特点，足以使这件独一无二的元青花瓷罐位列全球存世仅寥寥8件同类瓷器之前茅。

如果人们再能够了解这件元青花图罐所蕴藏的

深邃传奇的历史内涵，那么它受到人们热烈追捧并被抬举到无与伦比之地位，也就是可以理解的一件自然之事了。

其实，最初在元青花瓷上绘制的装饰图案并非以人物故事为主流，而是当时蒙古贵族偏爱使用的织绣花纹，诸如灵芝、飞凤、麒麟、鸳鸯、如意及缀珠等。后来，之所以形成以人物故事为装饰题材的特点，与元世祖忽必烈积极施行融合的民族政策密切相关。

元朝开国之初，元世祖忽必烈为了缓和尖锐的阶级矛盾，争取广大汉族地主与士大夫阶层的支持，从善如流，听取了谋士郝经提出 "今日能用士，而能行中国之道，则中国之主也" 的建议，使新生政权得以逐步稳定与巩固。在青花瓷上绘制这类人物故事画就是蒙古统治者施行这一民族政策的形象见证。比如，反映民族关系的现藏于日本出光美术馆之元青花 "昭君出塞图" 盖罐，以及 1956 年出土于湖南常德的元青花 "蒙恬将军图" 玉壶春瓶等；比如，1959 年出土于江苏南京江宁县黔宁昭靖王沐英墓中表现求贤若渴的元青花 "萧何月下追韩信图" 梅瓶、现藏于美国波士顿博物馆的元青花 "尉迟恭单骑救主图" 罐，以及

元青花 "尉迟恭单骑救主图" 罐

高 27.8 厘米，腹径 21 厘米，现藏于美国波士顿博物馆。

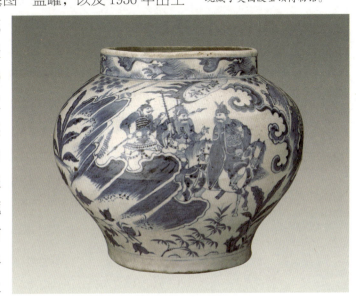

元青花"尉迟恭单骑救主图"罐（纹饰展开）

1994年在香港苏富比拍卖会上出现的那件元青花"三顾茅庐图"盖罐等，元青花"鬼谷子下山图"罐就属这一类中之典型代表。

最早见于《战国策》的"鬼谷子下山"典故，讲述的是战国时期鬼谷子下山营救自己爱徒孙膑的故事。传说，战国时期学识渊博而行踪极为诡异的隐士鬼谷子，不仅精通政治、军事、外交、天文、地理、数术，著有系统总结战国时代游说之士从事纵横外交与出谋划策的理论、策略与方法集大成之作——《鬼谷子》，而且教授的500余名弟子中不乏在各诸侯国出将入相的非凡人物，比如著名纵横家苏秦、张仪、毛遂与杰出军事家孙膑、庞涓、尉缭子等，因此鬼谷子享有"纵横家鼻祖"与"兵家之父"这两个后世赠与的崇高称谓。至于元朝统治者为何绘制鬼谷子下山这一典故作为青花瓷上的装饰图案，就与鬼谷子倡导臣民应该看清历史发展趋势、倡导全国统一这一学说思想有关。

据说，战国时期齐国与燕国频繁发生极为惨烈的战斗，效力于齐国的孙膑在一场战斗中不幸被燕国军队所围困，他不得不派遣同样效力于齐国的苏秦之弟苏代前往鬼谷子隐居修炼之地——鬼谷（传说在今太行山河北段）向师父鬼谷子求救。鬼谷子得知爱徒孙膑被围困的消息后，立即下山展开营救。与鬼谷子一同下山的还有一位少年将军——独孤角，因为他的哥哥也在这场战斗中与孙膑一起被围困了。这件元青花人物故事图罐描绘的，就是鬼谷子等人下山时的情景。图案中央有一辆由一虎一豹牵引的两轮车，车上端坐着身穿袍服、身体微倾的鬼谷子，完全是一种运筹帷幄、决胜千里的镇静神态。车前是两名手持长矛开道的士卒，身后是擎着上书"鬼谷"二字战旗的飒爽将军独孤角，殿后的就是至今仍不为人们所熟知的杰出纵横家苏代。

元青花 "鬼谷子下山图" 罐

关于苏代，《战国策·燕策》中记载有两则关于他的典故——鹬蚌相争，渔翁得利与借光，人们由此便可知他在战国诸侯纷争年代也不失为一位极具智慧的出色的纵横家，而他与鬼谷子共同出现在这件元青花瓷器上，自然就顺理成章了。关于独孤角将军，限于史料暂不得知。不过，据有关专家考证说这件元青花"鬼谷子下山图"罐的构图来源，是取自元至治年间建安虞氏所刻版画《乐毅图齐七国春秋后集》。只是该青花瓷罐上的鬼谷子的额头要比版画中的大许多，这似乎是为了更加突出鬼谷子非比常人的聪明睿智。与版画原图中画两只老虎牵引两轮车所不同，该青花瓷罐上画了一虎一豹，从而巧妙地避免了原图

《乐毅图齐七国春秋后集》
中的"鬼谷子下山"

结构中的平行单一。与原图相比更具创新意味的，就是该青花瓷罐上增添了原图中所没有的独孤角将军，而这位飒爽英姿青年将军的出现，使这件元青花瓷罐的图案装饰摆脱了一般工匠刻板模仿之窠臼，彰显出绘制这幅图案者相当深厚的艺术功底，否则不可能有此突破性的艺术创新。那么，元青花"鬼谷子下山图"罐这么一件绝世稀宝是如何流落国外的呢？

据英国伦敦佳士得拍卖行拍卖图录中介绍，第一次世界大战期间服役于荷兰海军的赫默特男爵，于民国二年（1913）被派驻北京担任荷兰使节护卫军司令一职，专门负责德国及奥匈帝国等使节团领地的安全任务。这位爱好中国传统文化艺术的赫默特男爵，自此开始了长达10年在北京搜集中国文物古董的传奇历程，其中中国精美瓷器成为他诸多藏品中的最爱，而这件元青花"鬼谷子下山图"罐又堪称是其瓷器藏品之最。

不过，当年不仅这位赫默特男爵对元青花的价值认识不足，就连他任职期满将这件元青花"鬼谷子下山图"罐带回国之后，也没有引起欧洲收藏家与拍卖行的重视。他们不相信中国元代就能够烧造出如此精美的青花瓷，故此一般都将其误认为是明代青花。有趣的是，当赫默特男爵去世后，他的后人于20世纪60年代曾将这件元青花"鬼谷子下山图"罐拿到拍卖行去估价，拍卖行专家认为这是一件明代青花瓷，遂将其估价为2000美元，赫默特男爵后人便将这件中国瓷器带回家当作盛放光盘的坛子使用。

元青花"鬼谷子下山图"罐

到了1968年，当克里夫兰美术馆举办了一场"蒙古统治下的中国艺术品展览"后，西方收藏家与拍卖行才开始对元青花有所了解，并迅速对其产生了高度重视与青睐。只是可供重视与青睐的元青花，实在极为稀少罕见，这正应了中国一句老话——物以稀为贵。到了2005年，佳士得拍卖行专家在赫默特男爵后人家中发现这件用来盛放光盘的坛子，犹如当年哥伦布发现新大陆一般，于是这件被埋没多

年的一代元青花瑰宝——"鬼谷子下山图"罐终于闪现在世人眼前。

2005 年 3 月，佳士得拍卖行把这件元青花"鬼谷子下山图"罐先后送往纽约、日本、中国香港、上海、北京、中国台湾、荷兰、法国等地巡回展览，使人们对元青花这一中国瓷器家族中之奇葩获得了浓厚的感性认识，也引起国际收藏界的广泛关注。随后，这件拍品的拍卖底价也开始水涨船高，从 100 万到 500 万英镑估价者不乏其人，而伦敦佳士得拍卖行中国部专家连怀恩先生则估价在 600 万至 800 万英镑之间。

果然，对这件世间绝无仅有的元青花"鬼谷子下山图"罐拍品，不仅来自中国最具竞拍实力的藏家们希望它能回归祖国，世界各地的大收藏家及博物馆机构也都纷纷赶到拍卖现场，特别是一些背靠金融大鳄、石油巨头的竞拍者，也个个表现出了舍我其谁、志在必得的气势。对此，来自中国内地的一些藏家原本希望联手参与竞拍，可最终因为具体操作环节出现偏差而无奈放弃。

与中国内地藏家想法基本相似的，还有来自中国台湾的几位藏家，他们经过一番紧急筹商后，决定由寒舍公司总经理王定乾先生代表陈氏博物馆的陈得福先生参与竞拍，他们估价的最高底线是 800 万至 1000 万英镑。另外，来自香港收藏界的张宗宪与从事明清瓷器鉴定数十年的中国香港艺术品商会秘书长翟建民，以及具有中国血统的大收藏家乔治·李等，也都专程飞往英国伦敦佳士得的拍卖现场，只是他们各自的估价都没有超过来自中国台湾的陈氏博物馆。因此，当元青花"鬼谷子下山图"罐这件底价不菲的拍品上拍时，立即迎来了近 10 位参与竞拍者的激烈竞争。当竞拍价迅速上扬到 1000 万英镑时，来自中国的竞拍者纷纷败下阵来，而来自其他国家的竞拍者依然有六七人之多，可见世界各地藏家对中国元青花之痴迷热爱。

几轮竞拍过后，当这件元青花"鬼谷子下山图"罐的竞拍价飙升到了 1350 万英镑这一"疯狂"价位时，一位专门经营中国早期艺术品的英国古董商——埃斯凯纳齐才第一次举起了竞拍牌，随后便以 1400 万英镑将这件拍品收入囊中，如果再加上佣金的话，这件元青花"鬼谷子下山图"罐竟然拍出了高达 1568.8 万英镑的惊天价位，折合人民币约 2.3 亿元！

　　不过，当记者询问竞拍者埃斯凯纳齐关于这件拍品的真正买主时，他只是概括地说："不是亚洲人，也不是英国人。"而伦敦佳士得拍卖行中国部专家连怀恩先生经过一番揣测后，也只能含糊其词地说："最终买家可能是美国藏家。"

　　至此，这件惊天地泣鬼神的中国瓷器之王——元青花 "鬼谷子下山图" 罐，在世人眼前闪耀出一道璀璨光芒之后，又一次隐匿在了中国人可望而不可及的大洋彼岸。

　　对于这样一种结局，代表中国台湾陈氏博物馆参与竞拍的王定乾先生，在事后只能发出这样一番感慨："有幸躬逢其盛，参与竞标。虽失之交臂，憾失国宝，但虽败犹荣……其中所代表的意义，不仅是中国文物创下世界（瓷器）最高价格，而更象征着中华文化的艺术价值与内涵，受到国际人士的尊崇与肯定。"

明永乐甜白暗花牡丹梅瓶

——永乐制造　纠缠至今

驰名中外的中国"陶瓷之都"——景德镇，早在北宋年间就因烧造青白瓷器而著称于世，到了元明清三朝更是成为烧造皇家御用贡瓷的唯一一处官窑。因此，景德镇瓷器在这三朝600多年不曾间断的持续发展中，不仅接连取得了质与量的飞跃，而且也由于朝代更迭窑场却不变，导致在两朝或两代更替时段所烧造的瓷器不易鉴别。比如，明朝开国皇帝朱元璋统治的31年间由景德镇所烧造之洪武瓷器，与元代景德镇贡瓷几乎没有什么差别，也与洪武之后的永乐、宣德两朝所烧造的官窑瓷器难以厘清。

究其缘由，除了这些朝代所产瓷器中有许多没有刻署明确年款之外，还因为景

景德镇制作贡瓷的场景

德镇作为这些朝代唯一御窑场在烧造贡瓷的工艺技术方面完全是一脉相承，特别是景德镇烧造世人瞩目的白瓷之工艺技术。因此，本文就以现藏于北京故宫博物院这件具有传奇色彩的明永乐甜白暗花牡丹梅瓶为例，来解析永乐甜白瓷器与洪武及宣德白瓷之间纠缠不清的历史迷雾。

话说民国二十七年（1938）夏天，日寇大举侵占中华大地，许多大中城市沦陷敌手，包括三朝古都北平与远东国际大都市上海同样陷入了日伪统治之下。狼烟四起的神州赤县，处处千疮百孔、百业萧条，南北两大古玩市场也是凋零不振、生意冷清。就在这个时候，为北平东四牌楼天和斋古玩铺吃外股的伙计孙华峰，却仗着自己鉴赏明清官窑瓷器的好眼力与见机行事的机灵劲儿，决定前往上海与位于五马路上的晋古斋古玩铺经理朱二爷斗一斗法。

南北古玩界人士都非常了解这位朱二爷的古怪脾气。据说他做买卖时不仅是躺在炕上抽着大烟眯缝着眼，而且从来不主动出价，更不会好好跟人说话，但是他的手里经常有好东西，因此早就激起了年轻人孙华峰的斗性。

这一天，孙华峰来到晋古斋古玩铺，初一见面先是礼貌地尊称了一声："朱二爷。"这位朱二爷见是来自北平老字号古玩铺天和斋的孙华峰，倒也客气但又很直接地说："华峰，你是北平来的，我有件东西请帮着看看，咱们试试眼力！"说罢，转身拿出一件甜白釉梅瓶递了过去。

孙华峰接过一看，眼前一亮，只见这件甜白釉梅瓶约有40厘米高，通身刻有暗花牡丹纹饰，釉色莹润，胎质坚硬。将器物举起细查底部，虽不见年号款识，但孙华峰心里已认定这是一件明永乐年间烧造的官窑瓷器精品。不过，孙华峰见朱二爷在他鉴赏时始终是躺在炕上抽着大烟不言语，他也不紧不慢地继续欣赏着这件稀世珍宝。彼此静默了半个小时之后，朱二爷才起身在屋里来回地走来走去，但是依旧没有说一句话，而孙华峰则依旧不声不响地欣赏着这件梅瓶。

又过去了半个小时，朱二爷可能是实在憋不住了，才开口问道："华峰，你看这东西怎样？"孙华峰四平八稳地回答说："没有年款，不好说是啥年代的。"紧接着，孙华峰反问道："您看是啥年代的？"闻听此言，朱二爷稍停顿一下，说："不瞒你说，我也看不准，远在永乐，近在民国。"探得

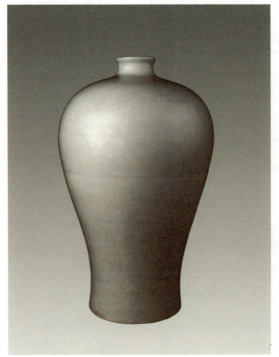

明永乐甜白暗花牡丹梅瓶

高24.8厘米，口径4.5厘米，现藏于北京故宫博物院。梅瓶通体施甜白釉，釉面暗画3组纹饰，依次为卷草纹、缠枝莲花纹、折枝花卉纹。白釉纯正洁净，色泽柔润，是永乐时期甜白釉瓷器中不可多得的珍品。

朱二爷这一底数，孙华峰随即顺着说道："您让谁看也断不了代，按咱们古玩行的说法，是'撂跤货'！"

听到这里，朱二爷的心里不由一颤，他明白所谓"撂跤货"就是卖不出去的东西，这与自己的感觉倒也接近，所以他心里还是比较认同孙华峰的这一说法。

善于察言观色的孙华峰见状，话锋变得更加干脆而直接："在上海撂跤，您让我拿到北平也许就不撂跤了。"朱二爷想了想，说："行，你拿去！"可是当孙华峰询问价钱时，朱二爷又躺下抽起了大烟，还时不时地用眯缝着的眼睛看一看孙华峰，但是仍然没有任何言语。孙华峰了解朱二爷做买卖不先出价的习惯，于是他便说道："给您1000块！如果我看准了能赚2000块钱，看歪了我这1000块钱就算扔了！"

孙华峰说罢，见朱二爷还是躺着抽大烟没搭茬，索性也沉住气不说话了。就这样，两个人又沉默了半个小时，孙华峰才站起身来，不过他没有再提这件甜白釉梅瓶，而是直接告辞："朱二爷，我走了！"这时，朱二爷才又爬起来，面对着孙华峰说："我是1000块钱买的，你怎么也得让我赚点。"孙华峰回道："得！我让您赚200块。"朱二爷跟话说："再给我加200块，东西你拿北平去！"就这样，孙华峰以 1400 块大洋买下了这件甜白暗花牡丹梅瓶。

　　回到北平之后，孙华峰将自己从上海采购的那些古玩都拿到窜货场上去出售，其中就包括那件花费 1400 块大洋从朱二爷手中收购的甜白暗花牡丹梅瓶。没想到，其他古玩大多被同行或收藏家出价买走，唯独它始终无人问津。向来被中外同行与收藏家视为鉴定古玩文物权威的琉璃厂古玩铺，也没人伸手进入孙华峰的大袖子里商谈。有人认为是明永乐年间的，可是也有人说是民国仿品。就在这时，东四牌楼的天和斋经理郭静安、保粹斋经理崔仲良与敦华斋经理孙瀛洲三人，一致看好这件甜白暗花牡丹梅瓶是永乐官窑瓷器，决定合伙出资收购它。由于窜货场上无人出价，这件永乐甜白暗花牡丹梅瓶的价格没能抬上去，他们三人总共才花费 2000 块大洋就成交了。

　　有北平鉴赏经营明清官窑瓷器三大主将之誉的郭静安、崔仲良与孙瀛洲，之所以合伙收购这件带有异议的甜白暗花牡丹梅瓶，不仅缘于他们有鉴定明清官窑瓷器的眼力与自信，还因为这三家古玩铺都有各自的好主顾，比如经常到天和斋古玩铺购藏珍稀古玩的拥有雄厚资金实力的中南银行总经理兼大收藏家郑瑞生。

明永乐甜白釉暗刻花纹执壶
高 12.4 厘米，现藏于英国伦敦大英博物馆。

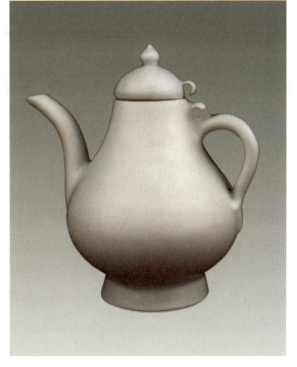

民国二十八年（1939）秋，当郑瑞生迈步进入天和斋古玩铺的那一刻起，经理郭静安就明白这件甜白暗花牡丹梅瓶有了买主。果然，当郭静安拿出那件梅瓶请郑瑞生欣赏时，这位金融界著名收藏家顿时就被这件梅瓶的造型、胎釉及暗花牡丹纹饰吸引。待郭静安坦诚告知说是他与崔仲良、孙瀛洲三人合伙出资2000块大洋收购，且一致认为是明永乐官窑瓷器之后，郑瑞生更认定这是一件价值连城的珍稀瓷器，遂爽快地说："我让你们3个每人赚1000块，把东西匀给我吧。"就这样，这件甜白暗花牡丹梅瓶被郑瑞生以5000块大洋购藏了。

半年之后，当郑瑞生得知这件梅瓶在窜货场上无人出价的情况，心里开始犯起了嘀咕。因为琉璃厂在那个年代中外古玩商及收藏家心目中，确实是鉴定各类古玩文物的权威之地，既然琉璃厂古玩铺无人出价，那么这件梅瓶就实在是值得怀疑。于是郑瑞生秘藏这件甜白暗花牡丹梅瓶两年之久，从不示人。

到了民国三十年（1941）夏天，世界最著名也是最大的倒卖中国古玩文物到国外的私人机构——卢吴公司的上海代理商叶叔重，开始对这件从上海流到北平的甜白暗花牡丹梅瓶动了心思。他是想将这件中国古董商与收藏家都心存疑虑的珍宝倒卖到国外去。

绰号叶三的叶叔重，先后从朱二爷、郭静安等人口中获知这件梅瓶的流转情况，又探听到郑瑞生正心存怀疑的底数后，才登门拜访郑瑞生，这就是叶三与众不同的精明之处。刚见面时，郑瑞生推托不让叶三看这件甜白暗花牡丹梅瓶，叶三眼珠子一转，便说自己在上海已经从朱二爷那里看过这件东西，只是性急的他没能与慢性子的朱二爷做成这笔生意。心存疑虑的郑瑞生不由询问道："那你看它是不是永乐的？"巧言善变的叶三回答说："我要是看出是永乐的，朱二爷性子再慢，我也会做成这笔生意。"

叶三的言下之意，就是他并不认为这件梅瓶是永乐官窑瓷器。既然如此，郑瑞生也不糊涂，问道："那你干吗让我把它匀给你呢？"叶三并没有顺着答话，而是告知说："上海和北平的古玩行人大多认为这是撂跤货，否则琉璃厂古玩铺同行为什么在窜货场上没出价呢？所以我认为这东西八成是清代的官仿官，或者就是新近的仿品！"

听了叶三的这番话，花费5000块大洋购藏这件梅瓶的郑瑞生心里不平衡了，随即问道："你说这东西是假的？！"叶三眼珠子又一转，连忙说："我没断定这东西是假的，我只说它是摺跤货，否则我就不会从上海到北平来找您，我是想把这东西弄到美国去。国内有人认为是永乐的，也有人说不是，这样摺起跤来可就没了头啦，如果到了美国由卢芹斋说是永乐的，外国人谁跟他摺跤去？"

听到这里，郑瑞生的心里倒很受用，想了想便说："我是5000块钱买的，又存了两年，利息也不少啊。"听话听音，叶三心想你郑瑞生是三句话不离本行，随即回答道："行！我给您3000块钱利息，我拿到美国也就能卖1万块吧。"就这样，叶三将这件甜白暗花牡丹梅瓶又带回了上海。

不料，震惊世界的"珍珠港事件"突然爆发，随即美国宣布对日本开战，第二次世界大战亚洲太平洋战场正式拉开了序幕。因此，远在美国纽约的卢吴公司与设在中国北平及上海的这两处代理商之间断绝了联系，这件甜白暗花牡丹梅瓶也就窝在了叶三手中。后来，叶三还是瞅准时机将这只烫手的

卢芹斋在巴黎建的彤阁

作为卢吴公司主要创办人，卢芹斋主导了20世纪上半叶中国古董进入欧美市场的潮流。据说，目前存在于海外的中国古董，约有一半是经过卢芹斋的手售出的。彤阁是卢芹斋于1926年改建的一座中式住宅，是其古董事业如日中天的例证。

"山芋"抛给了刚刚成立的上海"六公司"——由仇炎之、张仲英、戴福葆、张雪耕、洪玉琳与管复初这上海六大古董商联合组成的古玩经营机构。

在用以物换物方式得到这件甜白暗花牡丹梅瓶的"六公司"中，朱二爷的徒弟仇炎之鉴定明清官窑瓷器最具眼力，他认定这件东西是永乐官窑瓷器，于是在得到这件珍稀瓷器之后，曾主动送给在上海开设艺林古玩店的大收藏家梁培鉴赏购藏，但是梁培因为为其掌眼的刘秉昆一句话而没有购藏这件珍稀之宝。

究其缘故，又牵扯出另一件署款永乐的甜白瓷器来。

民国二十八年（1939）春季里的一天，在北平琉璃厂做"夹包"生意的呼玉衡来到雅文斋古玩铺串门时，发现货柜下端不起眼处有一件甜白高足杯，便拿到手中细细鉴别。只见这件高足杯高约12厘米，造型玲珑精巧，瓷胎坚硬透薄，釉色细腻温润，杯身上刻有八宝暗花纹饰，纹饰柔和雅致，特别让呼玉衡惊喜的是，高足杯底足内还有笔画恰似"铁线"一般的"永乐年制"四字篆书暗款。

看罢，呼玉衡漫不

明永乐甜白釉高足杯

高10.2厘米，口径15.3厘米，现藏于英国伦敦大英博物馆。

经心地把高足杯放回原处，心中却暗暗琢磨起来：这么珍贵的甜白瓷器怎么会摆放在这儿呢？难道雅文斋因为多年来生意兴隆进货太多，而把这件珍稀物件放在货柜上忘啦？

想到这儿，呼玉衡又装着漫不经心地问道："这东西多少钱能卖，我搂去帮你们代销，您作个价。"雅文斋副经理范岐周边整理货柜边回答说："好说好说，百十块钱，你拿去吧！"呼玉衡一听这话，心想自己这次要捡个大漏啦，随即回应道："那就100块钱吧，卖不出去我再给您送回来。"范岐周还是没有停下手里的活，便爽快地说："行，你拿去吧。"

就这样，呼玉衡从雅文斋搂来了这件甜白高足杯后，就前往位于炭儿胡同的彬记古玩铺，希望北平最负盛名的古玩铺的大古玩商岳彬能出个好价钱。

由于岳彬习惯在晚上做古玩生意，所以呼玉衡当天晚上带着这件甜白高足杯拜访岳彬。见到岳彬时，他正与琉璃厂另一古玩商徐震伯躺在彬记西院烟榻上抽大烟，呼玉衡忙上前一步神秘地说："岳二爷，我有一件好东西，谁见了都想要，我干了这么多年还是第一次见到呢。"说话有些口吃的岳彬听呼玉衡这么一说，就更结巴了："你、你、你说了这么多，到底是啥玩意儿？"

这时，呼玉衡才从宽大衣袖中拿出一只锦盒，送到岳彬面前后打开锦盒说："您好好看看。"岳彬看了两眼，把锦盒递给躺在他对面的徐震伯，说："震伯，你眼力好，看看。"说完，岳彬抽了口大烟，闭上眼又躺了下去。

徐震伯接过锦盒，借助灯光细细瞧了瞧这件甜白高足杯，从胎质、釉色、花纹及款识等方面鉴别，确认是一件难得的永乐甜白釉官窑瓷器后，就询问呼玉衡是从哪里得到的。呼玉衡编了个瞎话说："您甭问我是怎么得到的，反正是后海恭王府里的东西。"闻听这话，岳彬转脸问徐震伯："你看这高足杯怎样？"徐震伯回答说："是件好东西，不错！"接着，岳彬才向呼玉衡问道："你要多少钱？"呼玉衡见岳彬已经打算买下这件高足杯，便答道："岳二爷！不瞒您说，人家跟我要3000块大洋，我给了2000块，您要想要，可别让我白跑了。"

岳彬依然转头看了看徐震伯，意思是请徐震伯表个态，徐震伯自然明白

班簋

班簋为西周中期的青铜器，高22.5厘米，腹径25.7厘米，现藏于首都博物馆。此班簋是周穆王时毛班所作，后为清宫旧藏，八国联军占领北京时散出。1972年，北京市文物管理处的呼玉衡从金属废品中发现此簋。

岳彬的用意，遂会意地说："2000块，值！"于是，岳彬又结结巴巴地说："我、我、我给你两、两千块，东西归我！"闻听此话，呼玉衡心中暗喜，但是表面上说："岳二爷！我把底都给您说了，您给我2000块不是让我白跑了吗？"岳彬回道："明天我请你的客，酬劳酬劳你！"呼玉衡犹豫了一下，心想2000块就2000块，反正我这一次已经赚了1900块大洋，可他嘴上则矫情地说："得了！谁让咱们有交情呢，我就赚个吃喝，东西归您啦！"

两年之后，岳彬指派他的二徒弟程长新携带这件甜白高足杯前往上海出售，兜售的目标就是大收藏家梁培。非常巧合的是，当程长新携带甜白高足杯来到梁培开设的艺林古玩店时，遇到了与他同时期在北平琉璃厂学古玩生意的同龄伙伴刘秉昆，而刘秉昆这时正好受梁培之聘帮他经营艺林古玩店，两位旧相识在异地相见显得格外亲近。随后，程长新在刘秉昆的引荐下，携带这件甜白高足杯拜会了梁培，而更加巧合的是上海"六公司"成员之一的戴福葆，也同时拿着那件甜白暗花牡丹梅瓶登门请梁培鉴赏购藏。

面对两件都说是明永乐官窑甜白釉瓷器，梁培感到十分欣喜，看了也都非常喜欢，只是对没有款识的那件甜白暗花牡丹梅瓶感到把握不大，于是他让原本就为他掌眼做生意的刘秉昆拿个主意。而刘秉昆在对两件甜白瓷器鉴别后，虽然感到那件甜白高足杯的光泽显得浮躁而刺眼，行话就是釉色"发贼"，而那件甜白暗花牡丹梅瓶则柔和细润，但是他说："依我看，还是有年款的好，没年款的是真是仿，看不出来。"

原本就对没有年款的甜白暗花牡丹梅瓶持有怀疑态度的梁培，见刘秉昆的话很合乎他的心意，于是就买下了甜白高足杯，而将甜白暗花牡丹梅瓶退还了戴福葆。

那么，这两件甜白瓷器到底哪件是真哪件是仿，它们最后又分别花落谁家了呢？

梁培购藏这件甜白高足杯半年后，南北古玩界就出现了两种观点截然相反的传说：一种传说是雅文斋副经理范岐周漏了货，让呼玉衡和岳彬都赚了钱；另一种传说是呼玉衡、徐震伯、岳彬、程长新与梁培等人鉴定明清瓷器的眼力不行，都被这件甜白高足杯打了眼。为此，在半个多世纪后陈重远先生撰写老北京古玩行故事时，曾特意找到早已是中国国家文物鉴定委员会常委的当事人之一——程长新先生，并直截了当地问道："程大哥！当年那件甜白高足杯是范岐周漏了货，还是您打了眼？"年逾古稀的程长新老先生笑了笑，说："你问这个干什么？这不是明摆着的事嘛。哪有那么多人打眼的。再说新中国成立后，这件东西在香港拍卖时，海外的鉴赏收藏家给了很高的评价。"

随后，陈重远先生又找到范岐周老先生问起此事："范叔！小程子（程长新在老古玩界的称号）说甜白高足杯不是仿制的，海内外鉴赏收藏家给了很高评价。"范岐周则坦言道："这事儿你回家问你四叔去！天津雅鉴斋萧宏度从你四叔柜上同泰祥拿来的，他仿的他知道。古玩行里知道这事儿的少。"

于是，陈重远先生又返回故乡看望已经是耄耋之年的四叔陈建侯老先生，还没等他问起此事，老先生就坦言道："我看《古玩史话与鉴赏》一书中写了岳彬的那件永乐甜白暗花牡丹梅瓶，你怎么没写那件甜白高足杯？高足杯是同泰祥仿的，我卖给萧宏度的。"

就此，这件甜白高足杯的真仿之谜已经完全被揭开，随后陈建侯老先生还绘声绘色地讲述了当年仿制这件甜白高足杯的所有工艺细节，并感叹道："仿制可不容易啊！"这让闻听了底细的陈重远先生也不由得发出感叹："如果是粗制滥造的仿制品，就不会使那么多著名的古董家、鉴赏收藏家打眼了！"一席话说得陈建侯老先生得意地笑了。

至于这件甜白暗花牡丹梅瓶随后之经历，更是因为老北京古玩行风云人物岳彬的介入，而越发显得传奇有趣起来。话说梁培将这件甜白暗花牡丹梅瓶退还给戴福葆之后，"六公司"又珍藏了5年之久，直到民国三十五年（1946）国共两党谈判破裂导致全面内战即将爆发之际，著名的"六公司"才随着南北两大古玩商行纷纷变卖货物筹集资金准备外逃的风潮，决定由戴福葆携带这件梅瓶北上出售，然后再解散"六公司"，各自单干。

就这样，戴福葆携带这件甜白暗花牡丹梅瓶再次来到北平，兜售目标就是驰名中外的大古董商岳彬。可戴福葆没想到半路杀出了一个范岐周。

原来，当戴福葆携带这件甜白暗花牡丹梅瓶拜会岳彬时，使岳彬想起了几年前自己转手卖掉那件甜白高足杯一事，但是他面对这件甜白暗花牡丹梅瓶，同样因为没有年号款识而不置可否。戴福葆回到位于东交民巷的华安饭店住地后，先是有早想跳出彬记古玩铺的岳彬徒弟褚岐山前来看货，接着范岐周两次登门商谈购藏这件梅瓶，并先后出价40万与45万元法币，虽然这两次出价与戴福葆第一次向岳彬兜售时提出的60万要价有差距，却坚定了他以60万元法币卖给岳彬的最初想法。

确实，当初范岐周在窜货场上见到这件梅瓶时，就认定这是一件真正的永乐甜白瓷器，并在心里将这件梅瓶与当时存放在雅文斋货柜上的那件甜白高足杯进行过多次比较，有比较才有可靠的鉴别。当初，范岐周将甜白高足杯以100块大洋的价钱交给呼玉衡并不是打了眼，因为他已经鉴定出它是一件仿品。而范岐周当初没能收购这件甜白暗花牡丹梅瓶，主要是由于当时他虽然已经开设了自己的古玩铺韫玉斋，但是人还在雅文斋古玩铺，这使他不便出面为自己悄然开设的韫玉斋购货。如果他当时收了这件梅瓶，必然要归雅文斋所有。范岐周左右为难稍一犹豫，这件梅瓶便被东四牌楼那三家古玩铺合伙收购了。

　　而今，已经从雅文斋出来经营属于自己的韫玉斋的范岐周，见当年让自己遗憾至今的这件甜白暗花牡丹梅瓶又流回北平，故此才决定出资购藏它。不过，范岐周出价与戴福葆要价还有不小的差距，所以他两次主动登门都商谈未果。于是，戴福葆第二次来到彬记古玩铺，向岳彬实说了范岐周两次出价想购藏这件梅瓶的经过，这让原本就喜欢这件梅瓶的岳彬心思活动开了，但是他依然没有表露出想收购这件梅瓶的意思。等到戴福葆搭讪几句走后，岳彬先是从徒弟褚岐山口中了解他对这件梅瓶的看法，从其口中证实了范岐周出价想购藏这件梅瓶，便开始在心里盘算起来：向来办事稳重的范岐周在鉴定明清官窑瓷器方面确实有眼力，但是以他的资金实力最多能出价到50万元法币，再多了他就拿不出来了。

　　想到这儿，岳彬立即指派另一位徒弟董祖耀前往华安饭店，请戴福葆携带甜白暗花牡丹梅瓶前来彬记协商。这时，戴福葆心里则更加有了底数，当岳彬提出50万元法币的出价后，他坚持说少于60万元法币不卖。这让一向盛气凌人的岳彬很是生气，提高嗓音说："做生意哪、哪、哪有一口价的，咱古玩行没、没、没这规矩！"戴福葆见岳彬真的生了气，便缓和了口气说："岳二爷！我把梅瓶放您这儿，您再看看，价钱嘛好说好说。"

　　而这时，范岐周下决心购藏这件梅瓶，又一时凑不齐这个价码，便第三次找到戴福葆，想以55万元法币的价码试探一下。面对范岐周一涨再涨的出价，戴福葆更加坚定了自己60万元法币的要价，他客气地送走范岐周之后，再次找到岳彬，实事求是并婉转地说："岳二爷！范岐周已经出价55万元法币，您看怎么办？这梅瓶是我们六家合买的货，一家10万，少了也不好分啊。"话说到这个份上，财大气粗的岳彬抽了几口大烟，又喝上几口酽茶，站起身说："不就是一家10万嘛，我给你们，东西归我啦！"就这样，岳彬以60万元法币购藏了这件在上海与北平之间多次流转的永乐甜白暗花牡丹梅瓶。

　　民国三十六年（1947）底，国共之战已经突显出国民党的溃败之势，而这也致使江南富商巨贾们纷纷携款准备外逃香港，或者购藏一些珍贵的古董文物到国外定居。其中，上海大金融家丁雪农就委托著名"六公司"成员之一的洪玉琳，前往北平收购明清官窑瓷器以备不时之需。来到北平之后，洪

北魏《孝文帝礼佛图》

长393.7厘米,高208.3厘米,现藏于美国纽约大都会博物馆。在20世纪30年代,北京大古玩商岳彬与当时的美国大都会博物馆东方部主任普爱伦联手,剥下了龙门石窟宾阳中洞的《孝文帝礼佛图》和《文昭皇后礼佛图》等北魏石雕,此事曝光后,引起了国人的广泛愤慨。

玉琳首先找到岳彬,根据当时法币已经每天都在狂跌的情形,打算出资60两黄金的高价将那件永乐甜白暗花牡丹梅瓶收入囊中。不料,正患有严重哮喘病的岳彬也来了个一口价:非100两黄金不卖!

见此情形,身后有大金融家丁雪农支持的洪玉琳也不含糊,当场表示愿意接受岳彬提出100两黄金的要价,但是他需要从上海丁雪农处调拨黄金到北平,于是双方就约定了一周时间的期限。然而,由于国共双方交战正酣,导致调拨黄金手续迟缓了几天。双方约定期限刚一过,岳彬就告知小徒弟说,如果洪玉琳拿着金子来取货,就直接回绝说东西不卖了,因为是他洪玉琳没有遵守信用。果然,当洪玉琳拿着100两黄金来到彬记古玩铺时,不但没能完成这笔约定好的交易,就连岳彬的面也没见着,最后只好无可奈何地走了。

到了1954年,秘藏这件永乐甜白暗花牡丹梅瓶已有8年之久的岳彬,因为当年勾结外国人盗卖中国著名龙门石窟"帝后礼佛图"罪行的暴露而锒铛入狱,他积累多年的诸多古玩珍宝也被全部查封后没收归公,其中这件梅瓶就此入藏了北京故宫博物院。

行文至此,人们不禁要问明永乐甜白瓷器到底有何特点,人们应当如何鉴别永乐甜白瓷器之真仿,它与洪武白瓷及宣德白瓷又有何明显的区别呢?

明永乐时期,因设置南北两处京师,所以两京用瓷的数量和品种都大大增加,特别是永乐皇帝朱棣大量对内对外地赏赐用瓷,更加促使了景德镇御窑场烧造贡瓷工艺的发展与进步。比如,王世懋在成书于明万历年间的《窥天外乘》中就这样记述说:

宋时窑器,以汝州为第一,而京师自置官窑次之。我朝则专设于浮梁县之景德镇,永乐、宣德间,内府烧造,迄今为贵。其时,以棕眼(橘皮纹)、甜白为常,以苏麻离青为饰,以鲜红为宝。

由此不难得知,永乐年间景德镇以烧造甜白瓷器为大宗,当然青花瓷与红釉瓷也很盛行。这从 20 世纪 80 年代在景德镇御窑场遗址发掘出的大量永乐瓷器碎片中,可以提供佐证。至于永乐瓷器特别是白瓷,由于大多没有刻署年号款识,又与洪武白瓷及宣德白瓷在工艺上存在着承继关系,故鉴别起来极为不易。不过,永乐白瓷在制作工艺上应该说是取得了划时代的成就,这从以下几个方面可以说明:一是永乐白瓷在瓷胎中增

北魏《文昭皇后礼佛图》

高 203.2 厘米,长 278.13 厘米,现藏于美国堪萨斯城纳尔逊艺术博物馆。龙门石窟是北魏孝文帝拓跋宏迁都洛阳后开始兴建的。孝文帝去世后,他的儿子宣武帝为纪念父母孝文帝和文昭皇后,在龙门开凿了宾阳中洞,在洞口两侧的石壁上雕了《孝文帝礼佛图》和《文昭皇后礼佛图》,合称"帝后礼佛图"。两件浮雕皆被岳彬盗卖给了美国人普爱伦。

加了高岭土的用量，从而减少成型瓷器的变形；二是对瓷土原料进行精细粉碎与淘洗，从而减少了原料中的粗粒及其他有害成分，大大增加了成型瓷器的透光度与白度；三是由于在配料中提高了氧化铝的含量，这样对瓷器烧造成型温度有了更高的要求，增进了成型瓷器的机械强度与其他方面的物理性能；四是改进装匣支烧的工艺，使成型瓷器的质量大大提高，同时也比较有利于实用性的推广。

有此 4 点，永乐年间由景德镇御窑场所烧造的白瓷不仅胎质细腻洁净，而且釉色洁白莹润，给人一种甜甜的感觉，这就是"甜白"名称的由来。而以白瓷可以任意填上所需各种色彩而成为彩瓷的缘故为根据，名之为"填白"，实不足为论。

确实，早已驰名中外的永乐甜白瓷器，如果按照瓷胎厚薄加以区分的话，瓷胎薄的主要集中在碗、盘、高足杯一类的小件上，本文主角甜白暗花牡丹梅瓶则属于瓷胎较厚的一类。即便如此，后世仿制永乐甜白瓷器时，依然不敢因为梅瓶一类大件瓷胎较厚就轻易为之，相反倒是对高足杯一类小件的仿制情有独钟，比如本文中讲述的这件甜白高足杯。

除此之外，当年成功仿制这件甜白高足杯的陈建侯老先生，还从 3 个方面讲述了永乐甜白瓷器不易仿制的缘由："第一，仿永乐甜白，瓷器都是小件的多，有年款的多。大件仿不了，做胎、刻绘、沾釉、焙烧这几道关过不了，永乐时的御器厂都很少烧制大件，私人更干不了；第二，小口梅瓶，胎质薄，刻绘刀法的深浅掌握不好就刻漏，不用烧就完了！第三，私人仿造没那么大本钱，搞那费时费事要手艺的活，皇上家可以不计工本，烧不好再烧，商业性的仿制要讲本图利，不会投入那么多。"

即便如此，后世因为仰慕永乐甜白瓷器之盛名，依然不乏仿制之作，特别是清康熙与雍正两朝更是具备陈建侯老先生所谓的不计工本，因此要想鉴定永乐甜白瓷器之真仿，要细致察看器物的造型异同、图案花纹的时代特征，更不能忽视甜白釉色的滋润感。真正永乐甜白瓷器的釉色是白中闪青，部分器物还有不易察觉的细小开片，至于橘皮纹也是比较明显的标志。而后世仿制品的釉色散发刺眼的白色，特别是康、雍两朝因为制瓷脱胎工艺已经十分成熟，所以胎体更加薄得透亮，再加上器物底部往往带有一种旋纹与黑疵，以及聚釉处基本上没有真正永乐甜白瓷器所常见的那种水绿色。

当然，还有后世仿品的印花与款识都要比真品清晰规整，所以只要从多方面细致鉴别还是有案可查的。永乐白瓷与宣德白瓷两者之间，虽然后者是在前者的基础上继续烧造而成，但是细细鉴别还是能够看出不同的。比如，谷应泰在《博物要览》中对宣德白瓷的特点就这样说道：

> 白茶盏，光莹如玉，内有绝细暗花，花底有暗款，隐隐橘皮纹起，虽定窑何能比方，真一代绝品。

与谷应泰高度评价宣德白瓷比较相近的，还有明代收藏鉴赏家文震亨在《长物志》中一说：

> 宣庙有尖足茶盏，料精式雅，质厚难冷，洁白如玉，可试茶色，盏中第一。

由此不难总结得知，宣德白瓷比永乐白瓷的洁白度要高得多，图案纹饰也以缠枝花卉与龙凤为主，至于橘皮纹则更加显著。

明宣德釉里红三鱼高足杯

——宣德"红鱼" 黄金不换

明宣宗朱瞻基像

　　朱瞻基能书善画，造诣颇高，影响得宣德朝景德镇官窑瓷器的工艺水平也极高。

　　在不长不短 276 年的大明王朝里，共历 12 世 16 位皇帝，除了世人比较熟悉的开国皇帝朱元璋与上文提及的永乐皇帝朱棣之外，几乎都没有给人们留下什么印象，特别是好印象。比如，听信太监怂恿遭遇"土木堡之变"的正统皇帝朱祁镇，下文将要讲解的与比自己年长 17 岁宫女万氏演绎"畸形之恋"的成化皇帝朱见深，一生热衷声色犬马最终累死在"豹房"中的正德皇帝朱厚照，因为崇奉道教竟然长达近 30 年不上朝理政的嘉靖皇帝朱厚熜，在位只有短短一个月却接连发生"荒唐三案"的泰昌皇帝朱常洛，"性至巧，多艺能，尤喜营造"也就是最喜欢当木工从而导致大太监魏忠贤理政的天启皇帝朱由校……

　　至于本文重点记述的宣德皇帝朱瞻基，不仅是明朝历史上少有的"宪天崇道英明神圣钦文昭武宽仁纯孝章皇帝",而且还因为当朝烧造出与元青花、永乐青花同称中国青花瓷器黄金时代的宣德青花,而使世人对这位执政仅有10年的帝王产生了一种深切探究之念。虽然本文为了避免与上面已经解析过的元青花章节相类同,而选择了以这件宣德釉里红三鱼高足杯为例来诠释宣德瓷器之美,但是并不能因为其没有宣德青花瓷器之盛名远扬就轻视怠慢它,何况围绕着宣德这"三条红鱼"还有千万两黄金都不换的古玩旧事呢!

明建文元年(1399),明朝第五位皇帝朱瞻基出生于北京燕王府,是在位仅有一年之短的洪熙皇帝朱高炽之长子,他虽然英年早逝,只享有37岁韶华光阴,却能够继承父亲洪熙皇帝之仁政。宣德皇帝能书善画,对书画艺术有很深造诣,这从宣德朝景德镇烧造的瓷器图案中有所体现。当然,无论如何讲求节俭的封建帝王之家,都因为拥有整个国家财富而生活在堂皇奢华之中,比如宣德一朝景德镇御窑场烧造的宫廷用瓷。那么,宣窑瓷器有何鲜明特色与非凡成就呢?

对此,历史文献中多有记载,比如明代大收藏家文震亨在《长物志》中就记述说:

"宣窑冰裂鳝血纹者,与官哥同;隐纹如橘皮红花青花者,俱鲜彩夺目,堆垛可爱。"

还比如《陶说》中对宣窑瓷器也有评价:

此明窑极盛时也,选料、制样、画器、题款,无一不精,青花用苏泥勃青。至成化,其青已尽,只用平等青料,故论青花,宣窑为最。

《南窑笔记》在涉及宣窑瓷器成就时,同样有"青花渗青为上"之推崇。当然,综合前人之说较为全面概述宣窑瓷器的,当属蓝浦在《景德镇陶录》中所述:

明宣德青花缠枝莲纹盖罐

　　高28.5厘米,腹径26.2厘米,现藏于英国伦敦大英博物馆。宣德朝的青花瓷仍使用从西亚进口的苏泥勃青作为彩料,颜色浓艳,在历代青花瓷器中属于上品。

　　宣窑,宣德间偿窑所烧。土赤、埴壤质骨如朱砂,诸料悉精,青花最贵。色尚淡,彩尚深厚。以甜白、棕眼为常,以鲜红为宝,器皆腻实,不易茅蒉。《唐氏肆考》云宣厂造祭红红鱼靶杯,以西红宝石为末入釉,鱼形自骨烧出,凸起宝光,汁水莹厚。有竹节把罩盖卤壶、小壶甚佳。宝烧、霁翠尤妙。又白茶盏光莹如玉,内有细龙凤暗花,花底有暗款"大明宣德年制"。隐隐鸡、橘皮纹,又有冰裂鳝血纹者,几与官汝窑敌。他如蟋蟀澄泥盆,最为精绝。按宣窑器无物不佳,小巧尤妙,此明窑极盛时也。祭红有两种:一为鲜红,一宝石红,唐氏所记乃宝石红,概以祭红言之,似误。宣青是苏泥勃青,故佳,成化时已绝,皆见闽温处叔《陶纪》,今宣窑瓷尚有存者。

　　确实,宣德一朝不仅从宣德元年(1426)就敕命景德镇烧造奉先殿祭祀所用白瓷,而且还由宫廷派遣内官前往御窑场监督烧造,特别是从《大明会典》(卷194)中有宣德八年(1433)一次就敕命景德镇烧造瓷器多达44.35万件的记录中可知,宣德一朝烧造瓷器规模之盛大。

　　正因如此,宣窑所产瓷器品种之多也堪称是空前绝后,比如从釉下彩、釉上彩、釉下彩与釉上彩相结合之彩瓷、单色釉及杂色釉这5类进行综合梳

理的话，宣德一朝所烧造的
瓷器竟有青花、釉里红、青
花釉里红、釉上红彩、釉上
五彩、青花红彩、青花黄彩、
青花五彩（斗彩）、甜白釉、
红釉、蓝釉、洒蓝釉、仿龙
泉釉、酱色釉、低温绿釉、
孔雀绿釉、仿哥釉、仿汝釉、
刻填酱彩及各种金彩器等，
可以说在中国彩瓷历史上是
无所不备。

明宣德青花黄彩盘

口径 26 厘米，现藏于英国
伦敦大英博物馆。

　　至于本文选取的宣德釉里红一类之瓷器，虽然
与洪武时期相比在质与量两方面都存在着一定的差
距，但是它对于中国陶瓷历史而言依然是不可忽视
的一个重要品种，这从以上引录的文献史料中不难
获知，特别是从传世宣德釉里红瓷器全都属于官窑
烧造这一现象来看，釉里红瓷器堪称是宣德一朝极
为钟情的贵重瓷器。

　　确实，以铜为着色剂的釉里红瓷器，不仅因为
烧造技术难度大而显得珍贵，而且在明朝从永乐年
间创烧成功至嘉靖年间技术失传的时间也很短暂，
特别是铜这种非常有趣的着色剂，在瓷窑中因为还
原气氛之不同，竟然能呈现出红色、绿色、紫色及
五彩之变色，单是釉里红一色还可依据其色泽之浓
淡而拥有多种名称，比如宝石红、祭红、积红、鸡
血红、牛血红、大红、醉红等，真可以说红得五彩
斑斓、色彩缤纷了。

　　具体到这件宣德釉里红三鱼高足杯，其图案虽

明宣德红釉大碗

口径18.7厘米，现藏于英国伦敦大英博物馆。景德镇自元代开始烧造高温铜红釉瓷器，初创阶段呈色多偏暗。到了明永乐、宣德时期，烧出的红釉就很鲜艳了。因为是当时祭日坛的用器，故也称祭红，又有宝石红等异称。

然是宣德釉里红瓷器中最为常见的一个题材，但是属于釉里红的传世品却极为稀少罕见，因此它也就属于物以稀为贵之珍宝，否则何以入选《中国陶瓷史》这一权威著述呢?

至于这件珍稀之宝从何而来，又何以入藏上海博物馆之往事，还应该从民国年间来从头梳理。

话说民国元年（1912），因为清帝逊位、朝代更替，北京城里数不清的官宦世家与富商巨贾纷纷寻找新的出路，除了极少数人摇身一变成为新朝新贵之外，大多数人不是回归故里就是隐居山林，留在京城里的则要依靠出售多年积累的古玩珍宝来维持昔日之体面，因此当时有大量古玩珍宝流散民间。比如，这天黎明时分前门大街一家挂货铺的掌柜——王经理在提着灯笼前往东晓市收购旧货时，就发现冰天雪地里有一个50来岁读书人模样，很显然出身于落寞官宦之家的人，正守着几件旧物件在寒风中瑟瑟发抖。于是他放低灯笼往那几件旧物件上照了照，见其中有一件高足杯似乎与众不同，遂弯腰拿起来放在手中仔细鉴别。只见老旧尘垢里有三条红色金鱼首先映入眼帘，用衣袖使劲擦拭器里器外后，王经理发现这件高足杯不仅器型规整、胎质细腻、釉色白润，而且用手掂量则轻重适宜，特别是那三条红色金鱼真可以说是红得鲜艳夺目，没有点滴不合心意的漂浮感。就这样，王经理出资120块大洋买下了那几件旧物件，其中那件高足杯他又另外支付了50块大洋，总共是170块大洋。

　　回到挂货铺后，王经理开始细细琢磨起来：釉里红瓷器是明宣德与清康熙、雍正两代三朝著名的官窑瓷器，宣德釉里红瓷器多有发紫或发黑且釉色浅淡之现象，清康熙与雍正两朝则因为烧造技术的进步，已经能够使这类瓷器烧造得釉色鲜艳，因此他认为这件高足杯无论属于哪朝哪代的釉里红瓷器，都是极为难得的珍稀瑰宝。不过，王经理明白，如今市面上出现的宣德釉里红瓷器，因为在清康熙与雍正两朝有大量仿制，特别是雍正一朝的仿品中虽有直书"大清雍正年制"的款识，但是还有大部分竟刻署"大明宣德年制"的款识，

明宣德釉里红三鱼高足杯

　　高8.8厘米，口径9.9厘米，足径4.5厘米，现藏于上海博物馆。

从而使人即便多加留神也容易认伪为真。基于这样的浅显认识，原本就对明清官窑瓷器不甚谙熟的王经理，在心里始终怀有不能确认的忐忑，因此当琉璃厂博韫斋经理杨伯衡来到挂货铺，发现这件高足杯并产生兴趣时，他没有丝毫犹豫就以200块大洋的价钱转售给了杨伯衡。

　　杨伯衡出资200块大

金城仿古山水画《春江容话图》

洋收购这件釉里红三鱼高足杯之举，当时同行中有许多人认为不值，因为他们都鉴定说这并非宣窑产品。殊不知，杨伯衡不仅认准这是一件宣德釉里红真品，而且他充任经理的这家博韫斋古玩铺是当时中国北方画坛盟主金北楼出资所设，他认为这件高足杯一定能得到东家金北楼的赏识。至于杨伯衡为何如此信心满满地拥有这一认识，就让笔者不能不对博韫斋东家金北楼先生做以简介。

确实，于民国九年（1920）创办中国当时最重要研习国画之组织——中国画学研究会的金北楼先生，原名金城，又名金绍城，字巩伯，一字拱北，号北楼，一号藕湖，在中国近代画坛上他不仅工于山水、花鸟与人物各科，而且最精于摹古，即对中国古代名家画作都曾临摹或意摹过。然而，令人感到十分遗憾的是，这位20世纪初中国北方画坛的领军人物，在其正当形成自己鲜明绘画风格的40多岁时竟英年早逝了，即便传世有《藕庐诗草》和《北楼论画》等绘画经典著述，对中国近现代美术史有着重要的影响，也因时光流逝而为今人所不熟。如果提及他是 2009 年 11 月 28 日以 95 周岁高龄辞世并引起诸多媒体关注的当代大收藏家王世襄先生之舅父的话，人们也许不敢忽略或轻视，待到人们阅读了王世襄先生在《自珍集——俪松居长物志》中对其所藏舅父金北楼先生 11 幅山水花鸟画的简短记述与评价时，则更加明了金北楼先生对外甥王世襄先生在书画方面的熏陶和教益是如何之重要。

金北楼先生之弟、王世襄先生的二舅金绍堂（字仲廉，号东溪）、三舅金绍基（字叔初）和四舅金绍坊（字季言，号西崖）三人，同样都对文物或博物馆学兴趣浓厚，其中金东溪与金西崖两位先生因精于书画而在竹刻艺术领域中成就斐然，特别是其四舅金西崖先生一生刻竹不辍，留有诸多刻竹艺术精品和专著《刻竹小言》，被世人公认为中国近代刻竹第一家，而关于金北楼兄弟几人对当代藏家都非常熟悉与崇拜的大收藏家王世襄先生之影响，笔者在拙作《奇士王世襄》中已有详述，在此不赘。

就在杨伯衡收购这件釉里红三鱼高足杯后不久，金北楼先生来到博韫斋，一见到这件高足杯就爱不释手，遂极不合常理地以东家身份出资 200 块大洋收归自己所藏，并额外支付 50 块大洋给博韫斋门人及伙计改善生活。不过，精擅书画艺术的金北楼先生并不是因为认定这件高足杯是宣德釉里红真品，而是实在太喜爱高足杯上那活灵活现的三条红色金鱼，除了其本人高妙的书画艺术修养之外，恐怕与其妹也就是王世襄先生的母亲有极大关联，因为这位民国年间最具才气的女书画家——金章女士（号陶陶女史），精擅书法艺术，写得一手极具晋唐风韵之书法，尤以善画鱼藻而闻名于世，其传世名画《金鱼百影图集》堪称同类题材之经典。这不仅表现在金章女士对或游弋或嬉戏或静止或跳跃的藻中之鱼有着精准细腻之观察，而且能够以其敏锐洞察力与非凡艺术表现力，赋予看似普通的鱼藻以一种民胞物与的亲近与和善，否则她实在不可能创作出那些给人以天人合一与生命和谐之亲切感受的传世画作。

另外，由金章女士编撰的四卷本《濠梁知乐集》，更是被中国画坛画鱼者奉为圭臬的理论性著述，记得民国三十三年（1944）王世襄先生在四川李庄中国营造学社"就食"那极为艰苦的条件下，竟然手抄石印母亲金章女士的《濠梁知乐集》分赠给各大博物馆及美术机构，便足以明了他对母亲金章

金章绘《鱼藻图》

女士之崇爱了。至于 1999 年他又不顾 85 岁高龄病目在香港翰墨轩出版专著《金章》一书，并随后被收入《中国近代名家书画全集》之现实，更可以证明金章女士在鱼藻绘画方面所取得的非常之成就了。因此，可以毋庸置疑地揣测说金北楼先生共出资 250 块大洋购藏这件釉里红三鱼高足杯，肯定是为了他一向喜爱与推崇的画家妹妹金章女士，虽然这件珍品后来被金北楼先生的后人转售予他人，也不妨碍人们想象金北楼先生购藏这件高足杯后与妹妹金章女士共同欣赏之喜悦。

遗憾的是，民国三十五年（1946）金北楼先生英年早逝。20 年后，这件宣德釉里红三鱼高足杯与其珍藏的诸多古玩珍宝一样都被其后人抛售，即便其后人碍于情面没有亲自出面抛售，也不妨碍委托与金家熟识的琉璃厂古玩商人代销，比如这件高足杯就是金家后人委托成古斋经理孙成章代销的。

有趣的是，当初金家抛售这件宣德釉里红三鱼高足杯的价钱是秘而不宣的，而收购这件高足杯的竟是韫玉斋古玩铺管账先生刘伯彤，他不仅没有征求东家意见且不做任何还价就出资1万元法币完成了这笔交易，而且完成这笔交易的另一方代理商孙成章还是刘伯彤的拜把子兄弟。对于管账先生刘伯彤自主收购这件高足杯之举，韫玉斋经理范岐周虽然感到有些惊讶，但是当他从刘伯彤口中得知这件高足杯的来历后，遂认定这就是一件极为珍贵的宣德釉里红真品，所以他并没有责怪刘伯彤的擅自做主。

随后，韫玉斋收购名震中外大画家金北楼先生生前所藏宣德釉里红三鱼高足杯的消息，在北京琉璃厂古玩行盛传开来，随后因为要价多达200两黄金吓走协记古玩店三位合伙人——谢君忱、司仁甫与刘尊三，并经由司仁甫前往上海做免费宣传而引来了上海金融巨头、大收藏家王轶陶。原来，痴迷于收藏明清官窑瓷器的王轶陶，从司仁甫口中得知北京韫玉斋收购了一件宣德釉里红三鱼高足杯的消息后，立即乘坐飞机赶往北京韫

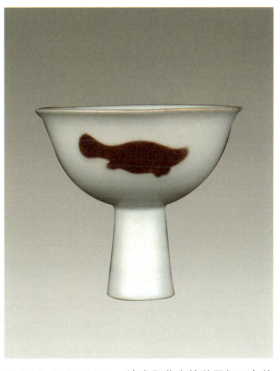

清康熙仿宣德釉里红三鱼纹高足碗

高9厘米，现藏于英国伦敦大英博物馆。

明宣德釉里红三鱼纹高足碗

高8.8厘米，口径9.9厘米，足径4.4厘米，现藏于北京故宫博物院。

玉斋古玩铺，开口出价3万元法币购藏这件高足杯，精于算计的范岐周在心中合算出一两黄金可兑换400多元法币之后，坚持非4万元法币不卖，财大气粗的王轶陶随后便爽快地应允了。

就这样，王轶陶以4万元法币购藏这件宣德釉里红三鱼高足杯后，一直秘藏6年之久，后来不知何故于1952年入藏了上海博物馆。又过了40年后，当年经手过这件宣德釉里红三鱼高足杯的范岐周老先生在谈起其今天之价值时，不由感慨万千地说："这件国宝，别说百两黄金，就是千两万两黄金也不换了！"

诚如斯言。另外，笔者只想赘述一句鉴别明宣德釉里红三鱼高足杯与清康熙、雍正仿品之要点，那就是宣德的"红鱼"头圆而尾部肥大，康熙与雍正之"红鱼"则头尖或尾部稍瘦而已，这一点时代特征实在不可不察矣。

明成化斗彩酒杯

——成化五彩　古今奇事

　　毫无疑问，明清彩瓷是中国近万年陶瓷史上集大成的巅峰之作，作为巅峰作品中最脍炙人口的一个著名品种——成化斗彩，早在明万历年间就已经极为珍稀贵重了。比如，成书于明万历年间的《野获编》中就有"成窑酒杯，每对至博银百金"之说，《唐氏肆考》中也有"神宗（即万历皇帝朱翊钧）尚器，御前有成杯一对，值钱十万"之记，郭子章在《豫章陶志》中更有"成窑有鸡缸杯，为酒器之最"之崇。

　　不过，"成化斗彩"之名这时还没有出现，在《博物要览》《敝帚轩剩语》《清秘藏》《长物志》等这些明代晚期著述中都没有"斗彩"之说，他们将"成化斗彩"称之为"成化五彩"或"成化青花间装五色"。即便到了清雍正七年（1729），内务府造办处有关档案中也称之为"成窑五彩"。细细爬梳浩瀚史籍之后，人们发现最早使用"斗彩"这一专有名词的，当属成书于清雍正、乾隆年间一位佚名作者的《南窑笔记》，该书记述说：

　　成（化）、正（德）、嘉（靖）、万（历）俱有斗彩、五彩、填彩三种。先于坯上用青料画花鸟半体，复入彩料，凑其全体，名曰斗彩。填（彩）者，青料双勾花鸟、人物之类于坯胎，成后，复入彩炉，填入五色，名曰填彩。五彩，则素瓷纯用彩料画填出者是也。

明宪宗朱见深像

朱见深（1465—1487），年号成化。成化一朝的瓷器以雅致、小巧为特色。

由此可见，成化斗彩其实就是釉下青花与釉上多彩综合而成的一种彩瓷而已。那么，成化斗彩是因何而烧造，它又有何特别之处而让世人如此看重呢？

成化斗彩的诞生，与明朝第九位皇帝——成化皇帝荒唐的畸恋有关。出生于明正统十二年（1447）的成化皇帝朱见深，在位长达23年间可谓是劣迹斑斑，几乎没有什么值得颂扬褒奖的事。朱见深一生钟情于比他年长17岁的贵妃万氏，任由万氏骄横跋扈，奢侈浪费，勾结朝廷官员把持朝政，使朝政呈现出一片颓败之迹象。然而，正是因为朱见深宠幸万贵妃，才降旨要求宫人每天进呈一件珍玩，景德镇御窑厂烧造的斗彩瓷器就是其中一项贡品。而今，一段帝王婚恋奇事远去，见证成化皇帝与贵妃万氏畸形之恋的斗彩瓷器，却在后世古玩界上演着一幕又一幕稀有奇事。

民国十六年（1927）夏，北京前门大街祥和成挂货铺经理王殿臣前往山东烟台收购古玩，顺便返回山东黄县老家探亲。这一天，当王殿臣在老家县城里闲转到一户门楼前时，见一位中年妇女正坐在门楼里梳头，旁边小板凳上放有一只盛皂角水的瓷杯。瓷杯外表虽然满是皂角水渍污垢，但是艳丽的色彩还是被王殿臣敏感地发现了。于是，王殿臣走上前与那中年妇女搭讪说："你这盛皂角水的杯子真好看。"那中年妇女听王殿臣的口音是本地人，就回答说："这有什么好看的，你要看就看呗。"王殿臣把那瓷杯拿到手里高高举起，见杯底有"大明成化年制"青色双蓝圈楷书款，心里不由得一阵惊喜，随即又细瞧瓷杯上的釉色图案，见乳白釉色中略闪牙黄，衬托着松鼠偷吃葡萄的图案越发鲜艳美妙，这是成化斗彩瓷器的一个鲜明特征。

看罢，王殿臣放下那只瓷杯，与中年妇女不紧不慢地攀谈起来，并不失时机地问道："你这杯子卖不卖？"那中年妇女一听这话，抬眼看了看王殿臣，心想这个人真是闲得没事干了，他既然想买这杯子，我如果不卖给他的话，他一时半刻也不会离开，干脆跟他要个高价把他吓走得了。想到这儿，那中年妇女咬了咬牙说："你想买就给一块钱，杯子你拿走！"

王殿臣听罢，二话没说掏出一块大洋递给她，然后拿起杯子转身离去。那中年妇女一见，顿时就愣住了，她不明白到底是她傻啊还是王殿臣傻，因为当时一块大洋相当于460个铜子，而两个铜子就能买到一套烧饼油条，230套烧饼油条够她家吃半年早饭的啦。

其实，王殿臣对这件标有成化年款的斗彩松鼠葡萄杯也没有把握。那年月，在北京古玩市场上这类仿品并不少见，只是即便

明成化斗彩葡萄纹高足杯
高6.8厘米，口径8厘米，现藏于英国伦敦大英博物馆。

是仿品也大都属于清康熙、雍正或乾隆年间的官仿，这类官仿成化斗彩瓷器虽然没有真品珍稀贵重，但是同样属于不可多得的瓷器珍品，这就是他当时为什么毫不犹豫掏出一块大洋买下它的缘由。

王殿臣与徒弟们商量一番后，决定将这件斗彩瓷杯拿到琉璃厂的挂货铺上，任由精通明清瓷器鉴赏的行家们鉴别竞买。当琉璃厂鉴古斋经理周杰臣见到这件斗彩酒杯后，立即将手伸进王殿臣用于讨价还价的大褂袖筒中。王殿臣用手在袖筒里摆出一个"八"字，周杰臣追问道："个、十、百、千？"

清康熙仿成化斗彩葡萄纹杯
高4.8厘米，口径7.7厘米，现藏于英国伦敦大英博物馆。

王殿臣回答："百！"周杰臣抽出手爽快地说："好！王二爷，这件东西我留下了！"

这一次轮到王殿臣愣住了，因为他在挂货铺还没见过谁买东西不还价的，难道真是自己漏了货？800块大洋卖掉那件斗彩酒杯回到祥和成后，王殿臣的心里还在嘀咕个不停，徒弟们劝解他说："周杰臣看瓷器是二把刀，反正咱们赚了799块！"这么一说，王殿臣的心里平静了。

确实，精通缂丝鉴别的周杰臣对瓷器并不在行，不过他有一位专门购藏明清官窑瓷器的大买主——中国银行总裁冯耿光。因为即便他从挂货铺买回的不是成化斗彩真品而是康雍乾仿品，这位财大气粗的冯耿光总裁也会不少于1000块大洋买下它。

当时，冯耿光总裁正转道上海前往香港，于是周杰臣便邀请琉璃厂鉴别明清瓷器的高手——延清堂的门人安溪亭与大观斋的门人萧书农、范岐周三人来为他掌掌眼。三人仔细鉴别后，向周杰臣抱拳恭喜道："你捡漏啦！是成化的，没错！"听三位老友这么一说，周杰臣心里有了底，暗想非5000块大洋不能出手。

随后，周杰臣仿照明代宫廷式样为这件成化斗彩酒杯定做了团龙锦匣与明黄绫签等装潢，专等有钱的买主上门送钱了。不料，京城里的中外同行及收藏家们虽然看好这件成化斗彩松鼠葡萄杯，但是也都清楚周杰臣花费800块大洋的底细，所以出资最多者不超过3000块大洋，这让心气颇高的周杰臣只能硬绷着不松口出售它。

明成化斗彩鸡缸杯

　　高4.1厘米、口径8.3厘米，现藏于美国纽约大都会博物馆。鸡缸杯是成化斗彩的另一个名品，《陶说》载："成窑以五彩为最，酒杯以鸡缸为最，神宗时尚食御前，成杯一双，值钱十万。"

两个月后，卢吴公司上海总代理吴启周专程来到北京找到周杰臣，表示他愿意出资3500块大洋，周杰臣依然说低于5000块大洋不卖。一个星期过后，吴启周再次找到周杰臣说："4000块！再多我就不要了，北京

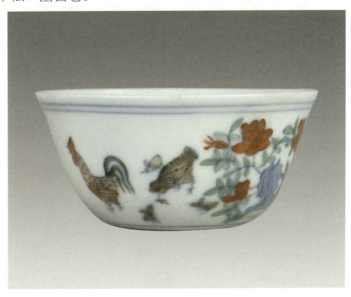

同行最多不过 3000 块，你过了这村可没这店啦！"

周杰臣在心里暗暗盘算了一下，心想自己两个来月就赚了 3200 块，足够在京郊购置一顷良田的，便以 4000 块大洋将这件成化斗彩松鼠葡萄杯卖给了吴启周。可是，还没等周杰臣的高兴劲儿过去，北京的古董商及收藏家们便于第二年春节时分得知消息说，吴启周以 1 万美金的价格将这件成化斗彩松鼠葡萄杯卖给了美国纽约的一位富翁，于是"成化斗彩一本万利"的传奇随即在京城流传开来。

与成化斗彩松鼠葡萄杯流出国门所不同的，还有著名陶瓷收藏鉴赏家孙瀛洲先生无偿捐献成化斗彩三秋杯的一段佳话。

话说日伪统治京城期间的一天，北京敦华斋经理孙瀛洲听说后门桥一家当铺准备关门歇业而抛售底货，他急忙赶去看货。当他看到一对成化斗彩三秋杯时，不由得眼前一亮，因为他明白像这样珍稀贵重的物件一定是从皇宫里流出来的。这位酷爱明清官窑瓷器的陶瓷收藏鉴赏家，咬牙出资 40 根金条买下了这对成化斗彩三秋杯。

那么，这对成化斗彩三秋杯到底是什么样的珍稀宝贝呢？

出生于清光绪十九年（1893）的孙瀛洲，是河北冀县人，早年间进京在同春永古玩铺当学徒，当积累起一定的财富与经验后，便于民国十二年（1923）独资开设了敦华斋古玩铺，经营之余则致力于明清官窑瓷器的收藏与研究。因此，当他得见京城后门桥那家当铺里的成化斗彩三秋杯时，立即就意识到这可能是世界孤品之国宝，所以他才不惜出资 40 根金条购藏。

确实，今天已经被证实是世界孤品的这对成化斗彩三秋杯，无论从胎质、釉色还是造型、图案而言，都堪称是国之重宝！而要想清楚地解析这对成化斗彩三秋杯之特色，首先需要对上述那部《南窑笔记》文献中的"斗彩"诠释加以补全。

其实，所谓"斗彩"是以瓷器的制瓷工艺方法而命名，即将釉下青花与釉上多彩相结合，在器物表面组成一幅优美的装饰画面，从而产生出釉下彩与釉上彩相互争奇斗艳的艺术效果，利用这种方法绘制烧造出的彩色瓷器，就是名扬世界的"斗彩"。而根据斗彩瓷器施釉方式的不同，还可以将斗彩瓷器分为两类：一类是先用青花在瓷胎上勾出纹饰的轮廓线，然后罩上一层透明釉入窑经高温烧造成淡描青花瓷器，再在青花双勾线内填以所需要的色彩，第二次入窑用低温烘烧而成，这种借鉴景泰蓝工艺烧造而成的斗彩瓷器，也是人们比较常见的一种斗彩瓷器；另一类是在瓷胎全体或主体上用青花勾绘出装饰图案，然后罩上一层透明釉入窑经高温烧造成青花瓷器，再在釉上根据图案需要施以多种色彩，第二次入窑经火烘烧而成。这类斗彩瓷器在用彩方法上比较复杂，匠师要根据纹饰题材的需要，时而在青花线内填彩，时而在青花纹饰上盖一层彩，或者用彩点缀，或者用青花渲染，从而使器物表面呈现出一幅釉下彩与釉上彩相互辉映的美妙画面。孙瀛洲用40根金条购藏的这对成化斗彩三秋杯就属这一类。

明成化斗彩三秋杯

高3.9厘米，口径6.9厘米，足径2.6厘米，现藏于北京故宫博物院。此杯杯身因描绘的是秋天庭院或花园中的景色，而秋季一般历时三个月，故有"三秋杯"之称。

至于何为"三秋杯"，则是根据这对成化斗彩杯上的图案而言，即画面上绘制有蝴蝶、兰草和秋菊这3种应时的昆虫与花草。除此之外，与这3种应时昆虫花草相搭配的还有两组山石，从而构成了一幅秋色小景，使画面显得清秀而雅致。获

明成化斗彩花蝶图盖罐

高9.1厘米，现藏于英国伦敦大英博物馆。孙瀛洲捐给北京故宫博物院的藏品中，其中有一件为康熙仿明成化斗彩花蝶图盖罐。

此重宝，孙瀛洲始终是秘藏不宣，别说登门造访的古董商人，甚至连自己的家人也难得一睹这对成化斗彩三秋杯之真颜。

被孙瀛洲视若生命一般珍贵的这对成化斗彩三秋杯，在中华人民共和国成立后被他连同所藏其他数千件文物一并捐赠给了北京故宫博物院。原来，新中国成立后时任中共北京市市长的彭真经常到孙瀛洲开设的敦华斋赏玩，时间一长俩人便成了无话不谈的好友。有一天，孙瀛洲取出那对原本秘藏不示人的成化斗彩三秋杯请彭真鉴赏，彭真细细观赏后赞叹道："这可是一件难得的国宝啊！"

孙瀛洲见彭真对成化斗彩三秋杯赞赏有加，遂表示自己愿意将所藏文物捐献给国家，这让彭真大感意外的同时，也大为赞赏并深表感谢。一天晚饭后，孙瀛洲召集家人围坐在一堂，说："那对成化斗彩三秋杯我要捐献给故宫，你们至今还没见过，现在就让你们好好看一看，以后在咱家就看不见了。"

说罢，孙瀛洲转身进入里屋，拿出一只装潢考究的锦匣，小心翼翼地从锦匣中取出那对成化斗彩三秋杯，只见杯壁薄如蝉翼，用温手拿捏似乎都要融化一般，杯上以点彩方式绘制的兰草与秋菊，在乳白似乎透明一般的底色的衬托下，越发显得娇艳滴翠，而那在花草间翩翩飞舞的彩蝶，更是生动得要穿透杯壁一样，让人实在有一种爱不释手的感觉。这对成化斗彩三秋杯捐献给故宫博物院后，随即就被确定为国家一级文物，成为名副其实的国宝文物。

对于孙瀛洲捐献家藏多达 3000 余件文物之举，著名陶瓷专家耿宝昌先生曾高度评价说：孙瀛洲作为一个文物收藏家，他更多地看到了这些文物是民族文化不可多得的瑰宝，先生的精神是一批爱国人士的缩影。

诚如斯言，1956 年当孙瀛洲受聘于北京故宫博物院专门从事古陶瓷鉴定研究之后，他多年来积累的古陶瓷研究经验随之成为后世之圭臬。比如，针对成化斗彩瓷器因为声名隆盛而自明成化之后至清康雍乾历代都有官仿之器，以致鉴别起来极为不易的状况，孙瀛洲先生就从款识上将自己总结出的一套行之有效的鉴别经验，撰写成文章发表在 1959 年第六期《文物》杂志上，记得在那篇题为《成化官窑彩瓷的鉴别》一文中，孙瀛洲先生有一首口诀足以嘉惠后世：

"大"字尖圆头非高，"成"字撇硬直到腰，

"化"字人七平微头，"制"字衣横少越刀，

"明"字窄平年应悟，"年"字三点头肩腰。

当然，有此口诀并不表示就能对成化斗彩瓷器鉴别无误，还需要从具体实物多个方面进行全面综合的考量，否则"打眼"恐怕还是一件难以避免之事。

明弘治黄釉青花祭盘

——祖传珍宝 一钱不值

明弘治黄釉青花祭盘

　　口径26.4厘米，现藏于英国伦敦大英博物馆。此盘通体青花黄地，其法为先烧制出青花折枝花果盘，然后于花纹外白釉地上涂满娇黄釉，使浓重的青花与油亮的黄釉形成鲜明的对比。娇黄釉于成化时始出现，但数量较少，到弘治时取得突出的成就，器物以盘碗为主。

　　常话说：乱世购金，盛世收藏。其实，无论是作为从事古玩经营的古董商还是为了鉴赏怡情的收藏家，如果具有经营或购藏的经济实力的话，在乱世进行古玩投资或购藏文物倒不失为一个绝好的时机。比如，这件原本是老北京琉璃厂博古斋古玩铺掌柜祝晋藩家的祖传珍宝——明弘治官窑黄釉青花祭盘，在民国年间竟然连一元钱也不值，这真乃天下之奇闻怪谈也。试想，这件珍宝如果收藏至今又岂止值千金万金，就是用价值连城、无价之宝来形容也不为过。

　　那么，祝氏这件祖传珍宝到底遭遇了什么呢？

　　民国三十一年（1942），是中国人民抗日战争最艰难的年份，老北京琉璃厂及全国各地的古玩行也都因为战乱而处于萧条状态，以致一些古玩铺纷纷关张歇业，没有关张歇业的也要辞退徒弟以减少开支。这一年的3月8日，设在老北京炭儿胡同的著名彬记古玩铺也辞退了几名徒弟，其中跟随东家岳彬长达20余年的大徒弟丁兆凯，虽然为彬记成为京城最大古玩铺立下过汗马功劳，但是他也决定于这一天离开彬记。

不料，就在丁兆凯迈步走出彬记站在古玩铺门前台阶上时，却见到西北方向宣武门城圈内的平民市场上烈焰滚滚、火光冲天，这让丁兆凯的心里感到十分别扭，遂信步来到琉璃厂文古斋古玩铺，情绪低落地将自己所见所想告知了这家古玩铺的大徒弟杨兴顺，而杨兴顺却高兴地说这叫作火烧旺地，预兆着丁兆凯从此将要红火发达起来了。闻听杨兴顺的这一番话，稍稍有些宽慰的丁兆凯心里不再感到别扭，而是决心要在古玩行当里做出一番事业来。

籍贯河北吴桥的丁兆凯，自15岁来到京城跟随当时还是夹包做古玩生意的岳彬当学徒，此后他不仅参与了岳彬及其彬记古玩铺几乎所有的经营活动，而且在经营活动中还练就出了鉴别青铜器、陶瓷、石刻与竹雕等多项文玩古董的好眼力，特别是后来主持彬记古玩铺日常业务期间，更是浸淫在老北京古玩行惯于与文人士大夫交往的过程中，逐渐在这种行规风气里形成了举止文雅、

明孝宗朱祐樘像

朱祐樘（1470—1505），年号弘治，成化皇帝的儿子。他在位期间提倡直言进谏，躬行节俭，不近声色，勤于政事，抑制宦官，成就明朝历史上经济繁荣、人民安居的和平时期，史称"弘治中兴"。

谈吐不俗的涵养气质，再加上他1.8米魁伟身材穿上那时时兴的长袍马褂后，俨然就是一位风度翩翩的文人士绅。而最难能可贵的是，丁兆凯在那个年代竟然没有沾染上吸烟、酗酒、赌博与嫖娼等不良嗜好，且将这种洁身自好的端正品行保持了一生而不曾改变。因此，历经20余年古玩行历练之后走出彬记古玩铺的丁兆凯，注定要在老北京古玩行当里抒写出属于自己的一件件文玩奇事，比如巧买这件明弘治官窑黄釉青花大祭盘。

刚刚走出彬记古玩铺的丁兆凯，由于经济实力不足以开设一家属于自己的古玩铺，所以他只能效仿师傅岳彬当年夹包做生意的方法，每天天不亮就打着灯笼到鬼街晓市上去收购文玩古董，然后再寻找销售门路转让他人而从中得利。不过，像这种到鬼街晓市上收购文玩古董者，完全要依靠个人辨识古董文玩的眼力，因此"打眼"或"捡漏"的事情时有发生。

当然，以丁兆凯鉴别古董文玩之眼力，"打眼"的概率恐怕是微乎其微，而要想依靠"捡漏"来发家致富同样属于百般之幸运了。恰如杨兴顺所言，丁兆凯不久就撞上了一桩百年难遇的大好运。

这一天早晨，丁兆凯来到晓市上一家名叫三庆成的旧货铺串门，王掌柜热情接待并拿出一件口径足有40厘米的大瓷盘请他鉴赏。丁兆凯立即被眼前如此大气且完整无损的瓷盘吸引，因为他在老北京最大古玩铺彬记20余年也不曾见过这种黄釉青花大瓷盘，就连多次到故宫博物院武英殿瓷器陈列室里参观同样没有发现过这种瓷盘。

鉴赏过宋、元、明、清四朝无数瓷器精品的丁兆凯，开始对这件黄釉青花外加苹果绿的大瓷盘进行细致鉴赏，而首先跳出他脑海的一个词就是"浇黄"。所谓"浇黄"，就是用浇釉的方法将黄釉浇到瓷胎上，由于这种釉色烧制成功后显得极为淡雅而娇艳，故此还有"娇黄"之称。

见多识广的丁兆凯还明白，黄釉虽然早在唐三彩上已经被使用，但是那时黄釉的色调还处在黄褐色的初级阶段，真正黄釉到明弘治年间（1488—1505）才调制出来，且这种低温黄釉也是在这一朝才达到了历史上的最高水平。另外，黄色用在瓷器上又属明代宗庙祭器所专用，因此丁兆凯当即便判定这件瓷盘应为明弘治官窑黄釉青花祭盘。至于在这件祭盘黄地青花之外加上的苹果绿色，原本并非窑工刻意所烧造，而是由于烧造前所浇黄釉过多流存在了盘底的青花苹果画上（行话称之为"肥釉"），待到入窑烧造时又致使黄釉流动而形成了这种苹果绿的

明弘治娇黄釉碗
口径18.6厘米，高8.5厘米，现藏于英国伦敦大英博物馆。

颜色。按说，这种由于操作失误所烧制出的瓷器，应当属于不合格的残次废品，而从美学角度上来看，竟然别具一种赏心悦目的美感。

那么，如此稀世之珍是如何流落到三庆成旧货铺里的呢？见丁兆凯询问这件明弘治官窑黄釉青花祭盘的来历，三庆成旧货铺的王掌柜便向他讲述了这样一段奇遇：

民国三十年（1941）隆冬的一天，王掌柜一大早就提着灯笼来到东晓市上寻货，发现地摊上摆着这件黄釉大瓷盘，摆摊者是一位50多岁骨瘦如柴的老人，寒冬里他双手抱着双腿蜷缩在那里直打哆嗦。心肠软的王掌柜见状顿时起了慈悲之心，他为了让老人早点回家便诚心地询问价钱，已经冻得说不出话来的老人用手比画了一个"八"字，随后王掌柜又一字一顿地问道："个、十、百、千？"老人一张嘴说出了一个"百"字，随后王掌柜以500元价格买下了这件瓷盘。

不料，当王掌柜付完钱准备离开时，却见那位

老人竟然蹲在地上起不来了，原来老人是烟瘾发作了。于是，王掌柜背着这位老人到附近一家高丽人开设的烟馆，为他烧上一个烟泡并递过一杆烟枪，随后悔恨难当的老人告知王掌柜说，他家祖上原是明朝皇室后裔，清军入关后先祖留下两条遗训：一是世代不做清朝官员，二是世代守护这件明代祭盘。然而，当这件祖传珍宝传到他这一辈时，因为他沾染上吸食大烟的恶习，将原本富足之家弄得贫困交加，以致不得不用这祖传珍宝来换钱，实在是愧对先祖无颜见人。

闻听王掌柜所言，丁兆凯在赞赏王掌柜热心救人之举后，便以1000元买下了这件明弘治官窑黄釉青花祭盘。回到石猴胡同租住地后，丁兆凯先用肥皂水刷洗掉瓷盘上的污垢，又用干净绒布细致擦拭，使得这件瓷盘越发显得娇黄美艳。丁兆凯拿定主意，不把这件稀世珍宝专门出售给某一个人，而是准备放在窜货场上进行封货拍卖。

为了使这件明弘治官窑黄釉青花祭盘能够拍卖出最好的价钱，丁兆凯邀请岳彬、萧书农、范岐周、陈中孚、王幼田、司仁甫、郭静安、崔仲良与孙瀛洲等鉴定经营明清官窑瓷器的名家们前来看货，并使出浑身解数不厌其烦地阐述这件瓷盘釉色之奇特，但他并没有将这件瓷盘的来历告知众人。

面对如此精美奇特的大祭盘，这些鉴定经营明清官窑瓷器的名家们都表现出了浓厚兴趣，并一致鉴定为明弘治官窑黄釉青花祭盘。如此，窜货场上那种袖内拉手讲价的常用方式不再适用，经主持人提议后改由封货投标的方式进行拍卖，随着各家封标价钱的逐一唱出，在场的人都不由情绪激动亢奋起来，因为封标价钱有5000元、1万元乃至7万元的，待到由岳彬、崔耀庭与徐震伯3人合伙封标到7.5万元时，人们都认为这应该是全场的最高价了。可是，没想到由范岐周、李新木、王幼田、张玉华、崇庆瑞、刘学敏与康绍南7人合伙，竟将封标价钱提高到了8.88万元之巨，这不由使人们都惊奇地唏嘘慨叹起来，当然这件瓷盘也就此成为这7家所共有之宝。

随后，这7家古董商又缴纳会费佣金及制作精美装潢，总共花费了当时由中国准备联合银行印发的10万元钱（俗称"联合票子"）。再后来，这7家古董商的代表范岐周从三庆成王掌柜那里得知了这件明弘治官窑黄釉青花

祭盘的来历。他联想起自己的师傅、大观斋掌柜赵佩斋曾经讲述过关于博古斋古玩铺东家祝晋藩的身世，以及其父亲朱北溟要求儿子朱晋年改名祝晋藩与世代相传大祭盘的故事，由此得出了这件明弘治官窑黄釉青花祭盘应该是祝家祖传珍宝的结论。果然，范岐周所得这一推论，随后也在其他知情古董商的口中得到认可与证实，这就为这件极具文物价值的瓷盘增加了经济价值的砝码。

　　关于明代瓷器的成就，人们比较熟悉的总是宣德青花与成化斗彩，殊不知弘治黄釉同样是中国瓷器中的稀世珍宝。遗憾的是，本文讲述的这件明弘治官窑黄釉青花祭盘，由于遭遇民国年间最为严重的通货膨胀，最后所值竟然不足1元"金圆券"，这就实在是世间奇闻怪事了。

　　原来，自从范岐周等7家古董商以8.88万元联合票子竞买到这件明弘治官窑黄釉青花祭盘后，一致表示要暂时秘藏起来待价而沽。不料，待到民国三十四年（1945）抗日战争胜利后，随着中国银行公布联合票子5元折合1元法币（由中央银行、

中国联合准备银行印发的五百元钞票

　　抗日战争爆发后，随着日军占领中国领土的扩大，为了解决通货问题，于1938年3月1日，由伪政权"中华民国临时政府"在北京成立了中国联合准备银行，发行各种面值纸币，全盘掌控华北地区的金融。

印钞厂忙碌的女工人

抗日战争结束后，通货膨胀的速度比抗战期间还快，当时甚至连美国也帮着国民政府印制钞票。

中国银行与交通银行这三家银行发行的纸币，后来又加上中国农民银行所发行的纸币），导致物价飞速上涨，原先的联合票子自然也就随之大幅度地贬值。

见此情景，范岐周等6家古董商遂将这件珍宝以原价折合成法币，转让给了其中的一家——蕉叶山房的张玉华，而张玉华见一时难以出售这件稀世珍宝，遂又将其以2.5万元法币转让给了清朝遗老、著名收藏家衡致中，从此人们便再也见不到这件明弘治官窑黄釉青花祭盘的踪迹了。因此，本文标题中所谓的"一钱不值"，并非是指这件稀世珍宝不值一文，而是待到民国三十七年（1948）8月19日中央银行发行"金圆券"时，因为这时300万元法币才能兑换1元"金圆券"，所以以衡致中当年以2.5万元法币购藏这件珍宝来计算的话，他所花费的确实不值1元"金圆券"。

明时大彬鼎式三足盖紫砂圆壶
——大彬紫砂　生死不离

　　诚如著名陶瓷学家宋伯胤先生所说："写在中国这部8000年陶器史上的光辉篇章（紫砂壶），是千千万万无名匠师无声无息孜孜努力的结果，幸而留传下姓名的是少数，愿我们永远记着他们的功勋。"确实，深受文人雅士及茶客称许并见诸"壶艺列传"的历代制陶名匠不过140余人，而有"明代良陶让一时"之盛誉的时大彬，是在中国紫砂壶艺史上知名度最高、影响力最大的一代大家，以至于诸多文人骚客与达官名流在辞世前也不忘叮嘱后人将自己使用的时大彬款紫砂壶藏入冥府，真可以说是喜爱到了生死不离的境地，比如明户部、工部侍郎卢维祯就是其中最典型的一则例证。

　　出生于明嘉靖三十二年（1553）的卢维祯，字司典，号瑞峰，福建省漳浦县锦屿人。隆庆二年（1568），卢维祯年仅25岁时就高中进士榜，授太常博士，20年后晋升为太仆寺改光禄寺卿，不久"推大理卿"，接着再补户部左侍郎代督仓场，专门负责厘奸别酌济虚事务，由于"所派拨京通二仓运转使，三会忌者有所吹求"，于是他借机"引咎乞归"。据卢维祯墓志可知，当时他"方期大用，而赋归田"，致使"未展其才，而年未竟志也"，这对他个人而言实在是一件人生憾事。

　　大约在50岁时归隐漳浦梁山的卢维祯，自京城返归故里途经江浙一带时，喜获良陶名匠时大彬所制的一把鼎式三足盖紫砂圆壶，从此与此壶相伴终生，而与"长安贵人绝不相闻"，唯独与原南京工部尚书朱天球等人在梁山上结

烧制紫砂壶的龙窑

社悠游，度过了将近20年的晚年品茗岁月。

万历三十八年（1610）卢维祯辞世后，朝廷追赠其户部尚书衔并御赐祭葬，这是传统士大夫的一种死后哀荣，而卢维祯后人将其生前使用的那把时大彬款紫砂壶随葬墓中，这则是传统文人一种雅致的情趣体现，当然更是卢维祯这种狷介之士的一种心灵慰藉。

十分遗憾而又不幸的是，安眠地下300多年的一代名士卢维祯，却被一声惊天动地的爆炸声惊醒。与此同时，由卢维祯墓中出土的那把时大彬款鼎式三足盖紫砂圆壶，让世人在惊叹中渐渐明晰了一个较为模糊而又神秘的紫砂壶艺世界。

1987年7月6日夜晚，几名盗墓贼轻车熟路，来到位于漳浦县盘陀镇汤坑村庙埔队犀丘山南坡上的一座古墓前，在不太暗淡的月光照耀下再次核实了墓碑上的文字——资政大夫户部尚书瑞峰卢老先生暨配封淑人肃惠张氏墓，然后把预先准备好的炸药放进墓前新挖的深坑内。随着"轰隆"一声爆炸，墓穴被炸开一个阴森森的洞口，几名盗墓贼一番清理后正准备入穴盗宝时，几束雪亮的手电筒光从四面聚焦而来。

原来，几名愚笨的盗墓贼刚开始用钢钎盗掘这座古墓时就被村民们发现了，但是村民们并没有声张惊动盗墓贼，而是每天夜间轮流躲藏在附近监视着盗墓贼的动静。盗墓贼见连续6天的人工挖掘进度太慢，便决定在第七天晚上改用炸药爆炸，没想到刚把墓穴炸开就遭到了早已埋伏好的村民们的围攻。盗墓贼逃窜后，村民们在村领导的指挥下，对已经被炸开的左边墓室进行清理，从墓穴中取出了一些金花银簪、银挂件及银带板等物，商议变卖后为村里建一座新的校舍。

不料，第二天这件事就被当地派出所获知，随后又上报到县政府有关部门。接着，漳浦县公安局和文物旅游局联合派人来到汤坑村，一边派人收缴村民

清陈鸣远制紫砂瓜式壶

陈鸣远，清康熙、雍正年间人，江苏宜兴上袁村人。他出身于紫砂世家，相传其父是明代著名的紫砂艺人陈子畦。陈鸣远技艺精湛，雕镂兼长，是紫砂史上技艺最为全面而精熟的大师。

们从墓穴中取出的金银物件，一边对盗墓现场进行详细勘查。经查，这是一座两室一冢的合葬墓，两个墓室之间相距仅有100厘米，封土均为两层三合土结构，外层是厚约120厘米的糯米浆三合土夹青花瓷片，内层是厚约80厘米的糯米浆三合土，从被炸开的洞口可以比较清楚地看见墓室内的棺椁情况，左边女主人的墓室内已经被践踏得惨不忍睹，而右边男主人的墓室虽有损毁但未被盗掘开。

鉴于古墓被盗的现场情况，彰浦县文物旅游局向省文化厅文物处汇报后，决定自行采取抢救性发掘。7月8日，以漳浦县文物旅游局等有关部门人员与厦门大学考古专业师生组成的发掘队来到古墓现场。因古墓结构异常坚固不易挖掘，而棺椁已遭损毁致使随葬物品易于风化等原因，发掘队决定也采取炸药爆破的方式进行发掘。于是，在炎炎烈日下随着十几包黄色炸药先后爆炸，墓室上面那厚厚的三合土结构封顶被一层层地剥开。直到太阳即将下山时，才把两具棺椁拉出墓室，女主人棺椁已经损毁而不得其形制，男主人棺椁长205厘米、宽55~60厘米、高71厘米，为楠木质，外施红漆，棺椁正南面竖写着"福、禄、寿"3个篆体金字，棺椁底部铺有一层约2厘米厚的石质，上面覆盖一块木板。

除了两具棺椁外，发掘队还在封土与墓碑之间发现了一盒墓志，包括花岗石志石与3片志盖，志文共有1588字，全部刻字均描以朱砂，由署款可知志文是明万历年间兵部尚书戴曜所撰，较为详细地记述了墓主人卢维祯的生平事迹。

现场发掘工作结束后，发掘队当晚便将男墓主卢维祯的棺椁运到漳浦县城，存放在旧县衙内以便开棺清理。经过一天时间的紧张准备，第三天发掘队终于打开了这具棺椁，清理出的随葬品有菱形珠六子十三档木算盘、錾花银耳挖筒、银镂花带板、昭明连弧镜、木戥秤、卢维祯印、青玉笔架、青玉印盒、抄手对砚、卵形漆木锤、木漆奁、青花狮子弄绣球小口瓷罐等文物，当然最重要的就是从墓主人头部左侧取出的用蓝布包裹着的"时大彬制"鼎式三足盖紫砂圆壶。

那么，时大彬到底是何许人也，他在紫砂壶艺史上有着怎样的非凡地位，卢维祯墓出土的这把"时大彬制"鼎式三足盖紫砂圆壶又体现出制壶者怎样的制壶理念与高超技艺呢？

囿于中国古代重士轻工之陋习，工匠者流及其雕虫小技向来不被史书记载，即便如时大彬这样的一代良陶名匠，也只能在一些野史小说中偶尔涉及，是绝对不能登入正史大雅之堂的。因此，关于时大彬生平的基本信息，今人从野史那寥寥几笔记述中只能得知点滴且含有争议的内容：时大彬，号少山，制陶名家时鹏之子，有人认为是明万历至崇祯年间（1573—1644）人。对此，著名陶瓷学家宋伯胤先生根据《许然明先生疏》以及时大彬与松江陈继儒（1558—1639）、太仓王世贞（1526—1590）等人的交往情况分析，认为时大彬可能出生于明嘉靖初年（1522）左右，卒于万历三十二年（1604）前后。

对此，笔者不揣鄙陋根据卢维祯墓出土的这把"时大彬制"鼎式三足盖紫砂圆壶之形制风格，以及卢维祯应该是在其大约50岁时归隐途中所得这把紫砂壶的情况，认为宋伯胤先生的推断还是比较中肯的，因为如果按照有人认为时大彬是万

时大彬制六方紫砂壶

历至崇祯年间（1573—1644）人来推算的话，很显然卢维祯大约50岁即万历二十年（1592）得到这把紫砂壶时，时大彬不过只是一个刚刚20岁左右的小伙子而已。而根据这把紫砂壶的风格来说，很显然应该是其中晚年所制，这与宋伯胤先生推断时大彬卒于万历三十二年（1604）前后就比较吻合了。

当然，限于现今面世确切史料之稀缺，笔者在此还是比较愿意存疑，以待新史料发现后再做论断。不过，关于时大彬生平虽然也是一个应该存疑的问题，但是关于其制陶技艺则丝毫也不用存疑，因为有诸多文史资料足可证明。比如，明文震亨在《长物志》中就曾这样写道：

> 壶以砂者为上……供春最贵，第形不雅，亦无差小者，时大彬所制，又太小，若得受水半升，而形制古洁者，取以注茶，更为适用……往时供春茶壶，近日时大彬所制，大为时人宝惜，盖皆以粗砂制之，正取砂无土气耳……近日小技著名者尤多……瓦瓶如供春、时大彬价至二、三千钱，供春尤称难得，黄质而腻，光华若玉……

由此可见，明代著名文物收藏鉴赏家文震亨已经将时大彬与明代最有声望的制壶名家供春相提并论，说明时大彬制壶技艺确实极为高妙。又比如，明小说家金木散人在《鼓掌绝尘》第三十二回中写道：

> 香几上摆着一座宣铜宝鼎，文具里列几方汉玉图章，时大彬小瓷壶粗砂细做，王羲之兰亭帖带草连真。

还比如，明末著名小说《拍案惊奇》在提到一户人家时，则是"壁间纸画周之冕，桌上砂壶时大彬"。也就是说，时人已经将时大彬制作的紫砂壶与宣铜宝鼎、王羲之《兰亭序》及周之冕的花鸟画相媲美了。

那么，时大彬高妙的制壶技艺是如何锤炼成的呢？

据史料记载，时大彬的父亲时鹏就是一位制陶名家，时大彬自幼跟随父亲学习制壶技艺，可以说是深得父亲之真传。后来，他开始仿制明代第一制壶高手供春的作品，但是他并不拘囿于前人制壶规矩，而是善于总结前人的制壶经验，对原有"断木为模"的制壶方法加以改进，改以槌片、围圈、打身筒的方法使壶成型，

明供春制六瓣圆囊壶

或者使用泥片镶接而成壶型，从而奠定了今天"拍身筒""镶身筒"这种独特制壶工艺的基础。继承家学与初期仿制之后，时大彬来到江南太仓等地游历，结识了一大批书画名家与文人学士，在与他们交游品茗研究茶艺过程中，他终于明白"壶小则香不涣散，味不耽搁"的道理，从而一改过去喜制大壶的习惯，逐渐开始改制适宜于每人一把的小壶，这无论如何也是中国紫砂茶壶制造史上的一次重大改革，因为时至今日江苏宜兴紫砂壶仍以小壶为主。

供春（约1506—约1566），江苏宜兴人。明代紫砂工艺名家。制品粟色暗淡，如古金铁，称"供春壶"。款式多样，时颂"宜兴妙手数供春"。

对于时大彬制壶由大到小的转变过程，明周高起在《阳羡茗壶系》一书中这样写道：

时大彬，号少山，或淘土，或杂砜砂土，诸款具足，诸土色亦具足，不务妍媚，而朴雅坚栗，妙不可思。初自仿供春得手，喜作大壶。后游娄东闻陈眉公与琅玡太原诸公品茶施茶之论，乃作小壶，几案有一具，生人闲远之思，前后诸名家，

并不能及。前于陶人标大雅之遗，擅空群之目矣。

另外，时大彬在制壶方面极其讲究，壶盖一经合上便与壶身严丝合缝，用手将壶盖提起则壶身不坠，如果发现有稍不满意的地方，便将所制之壶敲碎扔掉，许多时候真可以说是十不得一。

正因如此，时大彬在紫砂壶的制造史上声名日盛，所制之壶被世人称为"时壶"，传世极少，时人将其与李仲芳、徐友泉并称为明代三大制壶妙手。作为后人研究明代紫砂壶艺史的重点名匠，时大彬在紫砂壶艺史上的贡献不仅在于自己制作精妙绝伦的"时壶"贡献给世界，而且还培养了许多制壶名手，其制壶技艺被推崇为壶艺正宗，一直影响至今且不见衰落。具体到卢维祯墓出土的这把"时大彬制"鼎式三足盖紫砂圆壶而言，我们不妨详加分析以领略良陶名匠时大彬制壶技艺之精妙。

这把紫砂壶通体呈粟红色中略带黄色，素面无饰，因泥坯不纯致使烧结后出现了一种梨皮状的黄白色小斑点，用手抚摸有一种比较舒服而明显的手感。这把紫砂壶通高与腹径均为 11 厘米，壶身高 9.2 厘米，壶盖高 3.4 厘米，口径与底径都是 7.5 厘米，短颈、丰肩、鼓腹、平底、圈足、曲流，流中设圆孔，流口高于壶口约 0.1 厘米，恰好使壶内容量达到饱和，这是制壶者长期细心观察的一种科学设计，也是其善于移植传统工艺的最好的说明；圆形柄体，上面始于肩部，下面终于腹部，口盖与口沿等大，肩上口沿缀短颈一圈，颈上置一较高的圆形壶盖，盖面与颈口以子母扣合口相接，极为严实；盖顶仿照春秋战国时期盛行的豆、敦、鼎、缶等青铜器式样，盖上环纽样式做出 3 个状似大指的扁足作为装饰，并兼有放置壶盖的作用，盖顶弧而略平，四周弧收，外呈弧直外撇，内呈两个连弧，足厚 0.35 厘米，高 2.5 厘米，器底刻有"时大彬制"楷书款识，系在胎土将干未干时用竹刀单刀刻出，单行竖排，为单刀阴刻，起笔轻，落笔重，内容简洁，不加年号、印章、堂名、诗词之类，这是比较符合时大彬制壶习惯的，也与 1968 年江苏省江都县丁沟公社洪飞村郑王庄出土的明万历四十四年（1616）曹氏墓中一把六方紫砂壶底刻楷书"大彬"款，以及 1984 年江苏省无锡市锡山区甘露乡出土的明崇祯

明时大彬鼎式三足盖紫砂壶

二年（1629）华师伊墓中一把三足紫砂圆壶柄下腹部刻楷书"大彬"款极为相同，都是刀笔深重有力，给人一种深厚的感觉。

从造型上看，卢维祯墓出土的这把鼎式三足盖紫砂圆壶，体态丰盈，造型规则，虽然腹径与通高、底径与口径相等，但是一个倒置鼎足则使静止且稍嫌呆板的壶身，顿时显露出生动与灵气，从而起到了一种画龙点睛的作用。

从质地上来看，陶质较粗，杂有浅黄色颗粒，表面虽经打磨，但还是现出了石榴皮状，这正是古人对时大彬善用粗沙制壶而细作特点的"沙粗质古肌理匀"之赞语的来由。

从工艺上看，时大彬采用手制、捶片、包身筒成型，流、执采用钻孔塞泥法连接，这也是时大彬制壶技艺创新的地方。这把紫砂壶从卢维祯墓出土时，壶内装满茶叶，盖沿内侧已有轻度磨损，由此可知此壶当为墓主生前所使用。而这批明万历三十八年（1610）的茶叶，则成为世界上已知绝对年代最早的茶叶，另据有识者进一步研究指出，这些茶叶很可能是明代的一种炒青绿茶，茶树品种应该属于武夷茶之变种。

　　如今，明代良陶名匠时大彬所制紫砂壶存世者仅有几件，而卢维祯墓出土的这把鼎式三足盖紫砂圆壶属于今人所谓之中壶，恰是时大彬制壶由大到小的一个过渡品，这对于紫砂陶艺研究者来说确是一个极为难得的例证。

清康熙豇豆红柳叶尊

——风波迭起 "美人醉"人

传说明宣德年间（1426－1435）的一天，皇宫紫禁城内一只极为珍贵罕见的红宝石酒杯，被宣德皇帝朱瞻基失手打碎了。他立即将手下臣工们召进宫来，要求选派能工巧匠重新制作一只。这只酒杯是由一位石匠在深山里偶然发现的一块红宝石雕琢而成的，如今宣德皇帝朱瞻基降旨要求再制作一只，可是到哪儿找同样的红宝石呢？

就在众人面面相觑的时候，一位大臣称他能够安排能工巧匠制作出同样的酒杯，宣德皇帝朱瞻基闻听大为欣喜，而众位臣工却都感到很是奇怪，也为这位同僚的鲁莽行为表示担心。不过，这位大臣之所以自告奋勇督造红宝石酒杯，源自他几年前巡视江南期间对景德镇官窑瓷器的发现，因为那时景德镇烧制出的瓷器犹如美玉一般洁白晶莹，故此他自信景德镇官窑一定能够烧制出与红宝石相媲美的瓷器来。

随后，这位大臣领旨来到江西景德镇官窑场。窑工们一听说要烧制出与红宝石相媲美的酒杯，都感到惶恐不安，因为他们虽然从资料中得知早在唐代的长沙窑中就有烧制铜红釉瓷器的文字记载，宋代钧窑也曾进一步掌握了调制铜红釉的技术，但是烧造出铜红釉瓷器则极为复杂艰难，而且通体一色的铜红釉瓷器更是难以烧造成功，何况他们还从未烧制过这种釉色的瓷器呢！

常言道圣命难违，景德镇的窑工们在这位大臣的督导下，开始试验烧造

明宣德宝石红釉盘

口径20.3厘米，现藏于美国纽约大都会博物馆。明宣德朝是明代红釉器制作最辉煌的时期。其红釉制品不仅数量多，而且品种也多，呈色浓艳，又往往在器物转折变化的棱角处隐现胎骨而呈现白色筋脉，增添了观者视觉的变化，耐人寻味。

红宝石瓷器酒杯，然而多次烧造都没有获得成功，这让这位督导大臣感到了前所未有的压力，于是他限令窑工们务必在一定期限内烧造成功，否则所有参与烧造的人员一律投入窑炉烧死。

面对督导大臣的最后通牒，窑工们更加焦虑不安起来。一天晚上，一位老窑工的女儿做了一个奇怪的梦，她梦见一位须发皆白的神仙告诉她说，在景德镇郊外有一座高岭山，山顶上有一种红釉石，如果能找到红釉石，便能够解救众位窑工的性命。

第二天一大早，这位姑娘独自来到高岭山下，开始艰难地向山顶攀登而去，尖利的山石扎破了她的双脚，可她依然不顾疼痛地向上爬去，一滴滴鲜血洒在她的身后，直到她筋疲力尽爬到山顶时，却不幸倒了下去再也没有起来。两天后，当这位老窑工与众窑工们找到这位姑娘时，只见她倒下去的地方竟是一片红艳艳的石头，正是姑娘梦中要寻找的红釉石。

随后，窑工们将这种红釉石拉回窑场，将其研磨成红釉粉并调制成红釉，涂抹在制作成型的瓷胎上，终于烧制出了通体一色的红釉瓷器。后来，人们为了纪念这位老窑工的女儿，便将这种瓷器称为"美人祭"。当然，这种瓷器由于釉色有别，还有"祭红""霁红""积红""牛血红""鸡血红""大红"与"醉红"等多种名称，至于明宣德年间烧制最成功的瓷器，人们还是称呼它为"宝石红"。由此可见，那位大臣确实为宣德皇帝朱瞻基烧制出了犹如红宝石一样珍贵的瓷器酒杯。

清康熙豇豆红印盒

口径 7 厘米，现藏于美国纽约大都会博物馆。

民间传说虽不足信，但是明宣德年间景德镇御窑场烧制出通体一色的红釉瓷器确实是不争的史实。特别是到了清康熙年间，这种红釉瓷器烧制工艺极为复杂，红釉中铜粒子粗细不等、分布不均，烧制时局部留下红釉粗颗粒并形成聚集，便会出现绿色苔斑使整个器物显得色调更加柔和典雅而温润，

清康熙豇豆红柳叶尊

高 15.6 厘米，现藏于美国
纽约大都会博物馆。

这就是如今人们比较认可的康熙一朝之"豇豆红"。

对于这种原本属于瑕疵的釉色，康熙皇帝却十分欣赏，并要求御窑场特别烧制这类瓷器专供宫廷陈设，于是豇豆红就此成为御窑瓷器的一种品牌。当然，由于烧造豇豆红瓷器对工艺技术要求极为复杂精细，故这类瓷器鲜有高过 20 厘米的大件器物，一般只能烧制出诸如笔洗、水盂、印盒、太白尊、菊瓣瓶与柳叶尊之类的小件。

另外，景德镇御窑场烧造这种釉色的瓷器的时间较为短暂，据史料记载，到雍正一朝时便不再烧造，故此传世品显得极为珍稀罕见，再加上名贵珍品大部分于 20 世纪初叶流失海外，如果能够在国内见到这种瓷器则实属稀世之珍了。不过，豇豆红瓷器也并非都是名贵非凡者，有关专家按照釉色不同将其分为上、中、下、残次四品：通体一色且釉色鲜艳明快、胎质洁净无瑕者为上品，名之曰"大红袍"或"正红"；釉色如豇豆皮一般含有深浅不一的红斑点，或者在器身或口沿部位因为烧制时氧化还原不同所形成的绿苔斑点者，就是所谓的"美人祭"或"美人醉"，如果釉色再浅淡些，虽不如深者美艳，但是却多了一份幽雅娇嫩之态，而名之为"桃花片"或"娃娃面"者，均可列入中品系列；至于色调更浅或晦暗浑浊者，名之为"榆树皮"或"乳鼠皮"，则只能列入下品；如果还有色调黑灰不均如"驴肝马肺"者，那就是不入品的残次品了。

遗憾的是，由于所谓的"大红袍"或"正红"瓷器极为罕见或者说至今未见，故此列入中品并留存至今的豇豆红瓷器便博得了世人的无比钟爱。比如，民国年间出现在老北京琉璃厂古玩行的这本属于成对的清康熙豇豆红柳叶尊，只是因为其稀世罕见竟引发了绵延半个多世纪的迭起风波。

据说，烧制于清康熙年间的这对豇豆红柳叶尊，原本一直陈设在皇宫紫禁城内。咸丰十年（1860）英法联军攻陷北京之前，咸丰皇帝在带领后宫妃嫔及王公大臣逃往热河行宫（今河北承德避暑山庄）时，才将这对珍贵的柳叶尊携至热河行宫，后来因为懿贵妃（后来的慈禧太后）不喜爱它们而将其留置行宫。

到了民国初年（1912），仍然居住在皇宫里的隆裕皇太后与逊帝溥仪听说热河行宫发生了十分严重的盗窃案，诸多珍贵古玩陈设被盗走而流失民间。于是，逊清小朝廷赶紧派人前往热河行宫查点被盗情况，发现被盗的珍贵古玩陈设

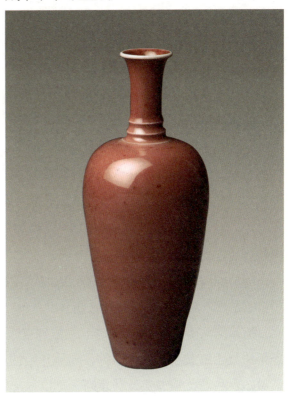

清康熙豇豆红莱菔瓶

"莱菔"是萝卜的别称，此类瓶因形似萝卜而得名，又称萝卜尊，是清代康熙时期创造的新器型，有天蓝釉、豆青釉、豇豆红釉等制品，以豇豆红釉为最佳。

中就有一件康熙豇豆红柳叶尊。随后，他们一边将留存的那件柳叶尊运送回皇宫里珍藏，一边派人与民国政府大总统袁世凯进行交涉。

民国政府是否派人缉拿盗贼姑且不论，第二年老北京琉璃厂延清堂古玩铺的丁济谦，却从热河行宫一名太监手中收购了那件失窃的柳叶尊，并因此吃了官司。关于这场官司的结果，将在本书下面章节中详述，总之这场官司因为最后的不了了之，使这件柳叶尊始终密藏在延清堂里。

后来，丁济谦在离开延清堂之前将这件柳叶尊与其他古董一起交给了大徒弟任雁亭，直到民国十五年（1926）延清堂关张歇业时，原本做洋庄青铜器生意的淮诚古董铺掌柜俞淮清，以10万块银圆收购了延清堂所有的底货，才使这件柳叶尊就此成为俞淮清的秘藏之宝。

再后来，俞淮清将收购的延清堂所有底货，以原价全部转售给刚刚从卢吴公司中分离出来的祝续斋，但是他提出了唯一的条件，那就是将这件柳叶尊留给自己作为纪念与酬劳。原本同样走私金石类文玩古董到海外的祝续斋，对于柳叶尊这类所谓的"清水瓷器"并不在意，因此当俞淮清提出这唯一的条件时，他没有多想便爽快地同意了。而得到这件清康熙豇豆红柳叶尊的俞淮清，从此搬离位于狗尾巴胡同的兴隆店，关闭了经营多年的淮诚古玩铺，退居到位于蒜市口的标杆胡同，并逐渐从京城古玩行中销声匿迹。

原来，极具心计的俞淮清始终关注着延清堂收购这件柳叶尊的情况，当他得知延清堂因此惹上官司并不了了之后，便认定这件柳叶尊肯定还密藏在延清堂里，所以待到延清堂关张歇业时他就果断出手，拿出10万块银圆巨资押在自己的这一揣测上，没想到果如其愿，得到了这件稀世珍宝柳叶尊。

1959年，怀揣着这件珍宝隐居长达23年的俞淮清离世而去，而这件清康熙豇豆红柳叶尊也就此失去了所有信息。

与俞淮清准确判断并巧买柳叶尊所不同的，还有老古董商刘子恭因为买了打眼的柳叶尊而抑郁死去之波折。

祖籍河北衡水的刘子恭，自15岁到京城兴隆店当学徒学习经营古玩，20多年后终于练就了一双好眼力，随后开始独自跑山西做夹包生意。由于刘子恭做古玩生意比较诚实，买货时不把价钱压得过低，卖货时也不把价格抬得过高，因此古玩行人都愿意与他交易，而他也依靠腿勤经常跑山西进货而逐渐积累了一定的经验与财富，并在衡水老家盖起新房置办了大宗土地。

到了民国二十年（1931）时，已经60多岁的刘子恭原本该回乡颐养天年，可他还是不服老地跑山西购货到京城售卖。这时，京城里有一个专门欺骗收藏家的古董骗子梁某，他见刘子恭年老眼花还忙着做古玩生意，便想"吃他一口"。

一天，梁某探知刘子恭将到山西太谷买货，就先到前门大街精擅仿制官窑瓷器的德泰细瓷店买了一件仿康熙豇豆红柳叶尊，又找人按照宫廷样式

清康熙豇豆红太白尊

太白尊又称太白坛、鸡罩尊，清康熙官窑典型文房用具之一，因模仿诗人、酒仙李太白的酒坛，故名。

定做一只锦匣装潢。他与经常和刘子恭结伴到山西买货的一家旧货铺跑外小伙计串通好，由这个小伙计携带这件仿制柳叶尊先到山西太谷，寻找当地原本开设著名票号而后来衰落的大户作为卧底，由这户人家出面将仿制柳叶尊当作真品卖给刘子恭。

一切安排停当后，这个小伙计便将山西太谷这一败落大户家藏有康熙官窑瓷器的信息透露给刘子恭，并邀请他一同前往鉴定收购。刘子恭深知山西太谷一带原有诸多富甲一方的大户，所以对

这个小伙计提供的信息深信不疑，遂与他兴冲冲地来到这户衰败的大宅门里看货。当刘子恭见到贴有黄绫子标签并写有编号的锦匣时，他首先就被这种极具皇家风范的装潢所吸引。而打开锦匣又见软囊中卧着一件釉色鲜艳美润的豇豆红柳叶尊，再看款识竟有"大清康熙年制"的两行六字楷书，这不由使刘子恭开始激动起来，因为他在京城从事古玩生意多年也不曾目睹过这种珍品尤物。

就在刘子恭激动得老眼模糊时，这家主人在那个小伙计的示意下，开始面带愧疚而滔滔不绝地讲述起来，他告诉刘子恭说这件康熙豇豆红柳叶尊是光绪年间他那当道台的祖上从一位太监手中所买，并一直珍藏在家中秘不示人，如今已是民国且他家也已中落，这才不得已瞒着老母亲变卖这件祖传珍宝来维持全家人的生计。

闻听此言，为人忠厚老实的刘子恭深表理解和同情，所以也就没有仔细鉴别琢磨，便出资 400 块大洋买下了这件仿制柳叶尊。

自以为捡漏的刘子恭回到京城后，将这件柳叶尊拿到审货场上公开出售，没想到根本无人问津，这使他不由在心里纳闷起来，难道是自己买了打眼的假货？于是，刘子恭拿出老花镜仔细辨识这件柳叶尊，突然间他的脸色陡变，原来自己确实买了假货还当作珍品拿到审货场上来展览。众人都看出了这是一件赝品，因为同情他年老眼花才没有人当面撅他而已。自己这不是在京城古玩界当众丢人现眼吗？

想到这儿，刘子恭抱起那件仿制的柳叶尊转身离开审货场，回到住处后辗转反侧了一整夜也没有睡着，第二天天一亮就收拾东西回了衡水。进了家门，刘子恭一声没吭，拿起铁锤将那件柳叶尊砸得粉碎，从此在家郁闷痴呆了不到半年就一命呜呼了。

刘子恭死后 15 年，也就是民国三十五年（1946）刚过完春节的一天，那位以原价从俞淮清手中倒走延清堂底货的祝续斋来到文古斋闲聊，向文古斋经理陈中孚讲述了另外一件康熙豇豆红柳叶尊的下落。

原来，民国初年（1912）热河行宫被盗案发生后，留存的那件柳叶尊被送回故宫紫禁城里保存，到了民国六年（1917）安徽督军张勋率领辫子军进京拥护逊帝溥仪复辟，而他自己则自任直隶总督、议政大臣、北洋大臣。对此，清朝小朝廷不仅予以承认，溥仪在隆裕皇太后的示意下还将这件柳叶尊赏赐给了张勋。不料时间仅仅过去了 13 天，张勋便被直隶军阀段祺瑞击败，只得仓皇逃进东交民巷荷兰使馆里避难。

后来，张勋被段祺瑞政府特赦并委任为热河林垦督办，但他并没有到职，而是躲到天津当起了寓公。

民国十三年（1924），一代枭雄张勋去世后，这件柳叶尊落到了他的管家手中，并被携带进京一直珍藏到民国三十五年（1946）。这时，这位已年近古稀的管家主动找到祝续斋，想把这件柳叶尊以 20 两黄金的价格出售。而此时的祝续斋已不复往日，根本没有能力收购这件稀世珍宝。于是，祝续斋来到文古斋，希望陈中孚能够收购这件柳叶尊，而自己则从中得些拉纤的小钱。闻听此言，陈中孚极为惊喜，他早已闻知康熙豇豆红柳叶尊之美名，却从未目睹过这件稀世珍宝的风韵，遂立即要求祝续斋领他前往看货。

两人来到骑河楼一座四合院，张勋的那位老总管拿出了那件柳叶尊。陈中孚戴上老花镜细致鉴赏起来，只见高不足 20 厘

清康熙豇豆红笔洗

豇豆红釉为清康熙时期铜红釉中的名贵品种。其基本色调如成熟豇豆的红色，故名。成品有高下之分，上乘者称"大红袍"；略次者，釉色中含有深浅不一的斑点及绿苔，又称"美人醉"或"美人祭"；下品呈色暗褐，称"驴肝""马肺"。豇豆红烧造难度很大，只能由官窑少量生产，仅供皇室内廷使用，且无大件器物，最高不过 20 厘米。

米的这件柳叶尊，整体造型犹如一枚柳叶，姿态柔美又似美女一般，器身釉色鲜艳而不乏幽雅清淡之韵，望之给人一种柔和悦目的感觉，真正乃极为罕见的稀世珍宝。

随后，在祝续斋的极力说合下，双方经过一番讨价还价，决定以 10 两黄金的价格成交。不过，陈中孚手边并没有 10 两黄金，遂先付 1 两黄金作为订金，待到付齐 10 两黄金时再来取货。就这样，自以为捡漏的陈中孚满心欢喜地回到文古斋，而对于如何筹措另外 9 两黄金，他想起了京城里最大的古董商岳彬，希望由他来出资收购这件柳叶尊。

原来，文古斋古玩铺是民国二十七年（1938）由岳彬出资 9000 块大洋所开设，开设之初他原本想请雅文斋的二掌柜范岐周帮他经营，而范岐周此前已经独自出资开设了韫玉斋古玩铺，岳彬无奈之下只好请雅文斋的三掌柜陈中孚为文古斋的经理。但是，岳彬并未与陈中孚签订"东四伙六"的合同，此后也不再注资文古斋，任由陈中孚独自支撑。

对于岳彬的这种态度，陈中孚听从清秘阁经理张静忱的建议，既不退还岳彬先前那 9000 块大洋的出资，也不与其结算文古斋的经营所得。而今，陈中孚想收购这件柳叶尊因缺少资金，遂想起了文古斋真正的东家岳彬，便抱着死马当

清乾隆豇豆红水丞

高 5.7 厘米，现藏于美国纽约大都会博物馆。豇豆红的烧造难度大，是高温铜红釉中最难烧的一种。根据科学分析，烧制豇豆红必须重复施釉两三层，还需要比较严格地控制火焰，才能烧出变化微妙的桃红色。美国人、英国人对豇豆红器物非常喜爱，19 世纪末 20 世纪初，时常不惜巨资购买从宫廷中流散出来的这种御用器具。

作活马医的态度来找他商量，但岳彬只是含糊其辞地敷衍陈中孚。

从文古斋东家岳彬手中没能拿出资金，陈中孚只好与家人商量自筹资金收购这件柳叶尊，而陈氏大家庭当时正在筹措资金购买位于煤市街车辇胡同的一座四合院。而且家人也担心，如果收购柳叶尊，东家岳彬会不会来个"秋后算账"呢？毕竟陈中孚只是岳彬聘请的文古斋经理，而不是投资入股的东家之一。

就这样，陈中孚收购柳叶尊的想法被搁置半年后，最终因为拿不出所剩的 9 两黄金，只得自甘损失那 1 两黄金的订金，而无奈地与这件稀世珍宝失之交臂了。

至于当年藏在张勋老管家手中的这件康熙豇豆红柳叶尊之下落，从此再也无人知晓了。

清康熙郎窑红观音尊

——康熙郎窑　独步古今

在中国数千年的封建王朝中，从秦始皇帝嬴政开始到清宣统末代皇帝爱新觉罗·溥仪为止，一共有 280 余位封建帝王，至于有人统计自上古至清代共有 83 个王朝，帝王人数累计达 559 人之多，其实只是划分的标准不同而已。

粗略考编，这些对社会发展和历史进程起过一定作用的生命个体——皇帝们，大约可以分作开创型、鼎革型、守成型、腐朽型和亡国型这五大类。至于中国诸多封建帝王中的一代英主——清康熙大帝，到底属于其中哪一类型，历史和今人都自有论断，反正他不仅是执政时间最长的一位帝王，而且这位 8 岁登基、14 岁亲政的少年英主，更是创建了足以独步古今的辉煌功绩。与康熙大帝非凡政治功绩相映衬的，还有同时期江西景德镇官窑瓷器在工艺技术、产品质量与产量上都达到历史高峰之成就。比如，极为珍稀名贵的康熙郎窑红器，同样能够在中国漫长的陶瓷史上独步而行。

关于清康熙年间景德镇官窑瓷器生产之盛况，人们今天从法国传教士昂特雷科莱于康熙五十一年（1712）9 月 1 日自中国江西饶州发出的一封信件中可以知晓：

景德镇拥有 18000 户人家，一部分是商人，他们有占地面积很大的住宅，雇用的职工多得惊人。按一般的说法，此镇有 100 万人口，每日消耗 10000 多担米和 1000 多头猪……《浮梁县志》上说：昔日景德镇只有 300 座窑，而现在窑数已达 3000 座……到了夜晚，它好像是被火焰包围着的一座巨城，也像一座有许多烟囱的大火炉。

当然，这位中文名字叫殷弘绪的法国传教士所记，虽然包括景德镇当地繁盛之民窑，而代表当时景德镇瓷业最高水平与成就的还是御用官窑。比如，康熙一朝不仅恢复了明永乐、宣德以来所有珍贵的瓷器品种与特色，而且还创烧出了许多新的品种。

究其缘由，大致有以下 4 个方面的因素。

一是康熙一朝经过明清朝代更替之乱后，顺应天时地利采取了减免税赋、废除"匠籍"、分配土地、兴修水利等一系列有效措施，以巩固清军入关不久的王朝统治，从而在客观上使社会生产力得到了普遍提高，这其中当然包括景德镇烧造瓷器之手工业水平。

二是康熙大帝精深的汉学文化修养，使他对包括瓷文化在内的汉文化极为喜爱，再加上他对于先进西洋科学技术之重视，从而也推动了景德镇官窑瓷业的大发展。比如，康熙一朝引进国外彩料成功创烧的珐琅彩瓷器，就为后世粉彩瓷器的辉煌鼎盛奠定了基础。

三是自康熙一朝开始逐年加

繁荣的景德镇制瓷业

出口欧洲是清初瓷器生产的一大特色

大对欧洲出口瓷器的数量，而当时外销瓷都必须按照外国人指定的器型、釉色、图案及装饰手法进行烧造，这就在客观上提高了景德镇瓷器的烧造工艺技术。

四是国内瓷器市场需求量的日益增大，虽然这种需求主要是由民窑烧造来满足，但是先进的民窑烧造工艺又不能不对景德镇官窑瓷器工艺产生促进作用。

有此4点，再加上自康熙十年（1671）起景德镇就担负起"奉造祭器"之重任，以及康熙十九年（1680）清廷派遣重员前往景德镇督造之重视，使景德镇自明嘉靖以后逐渐衰落的"瓷都"地位得以恢复乃至振兴。关于这一点，我们从康熙一朝成功创烧出釉里红瓷器一事上可得证实，因为自明永乐创烧出釉里红瓷器至宣德发展到高峰再到嘉靖时彻底失传，此后300年间使世人不得窥见新烧釉里红瓷器之美妙。而在康熙釉里红瓷器中，除了上文解析的那属于釉色淡雅一类之豇豆红外，就要数釉色深艳的郎窑红最为名贵珍稀，也最受清皇室成员及后世藏家之追捧。

那么，何为郎窑，郎窑红器又有何特色呢？

关于康熙郎窑名称的由来，以往一直存在争议：一说是清宫廷画家、意大利传教士郎世宁所创，一说是清顺治朝巡抚郎廷佐主持烧造。其实，据有关史料记载可知，所谓"郎窑"是指清康熙四十四年至五十一年（1705－1712）出任江西巡抚的郎廷极主持烧造而成的，这一说不仅早在康熙年间就被时人认可，而今更是得到了世人的广泛认同。比如，与郎廷极同时代人许谨斋在《许谨斋诗稿》（癸巳年稿）中就有一首直接名为"郎窑行·戏呈紫衡中丞"的诗，曾这样写道：

宣成陶器夸前朝……迩来杰出推郎窑。郎窑本以中丞名……中丞嗜古得遗意，政治闲来程艺事；地水风火凝四大，敏手居然称国器，比视成宣欲乱真，乾坤万象归陶甄；雨过天晴红琢玉，贡之廊庙光鸿钧……

与郎廷极同时代人中，还有刘廷玑在其著述《在园杂志》中的记述：

（郎窑）仿古暗合，与真无二，其摹成宣，釉水颜色，橘皮棕眼，款字酷肖，极难

郎廷极像

郎廷极（1663—1715），奉天广宁（今辽宁北镇）人，历任江西巡抚，福建、江南总督，兵部尚书。任江西巡抚时，督造官窑瓷器，世称"郎窑"。

辨别。

由此可见，康熙郎窑由郎廷极创烧之事早为时人所证实，且郎窑仿制明朝成宣釉里红瓷器已经达到了足可乱真的程度，当然郎窑仿制成宣瓷器中还有青花、蓝釉、白瓷与描金器等，真可以说是无所不备。既然如此，本文还是以这件康熙郎窑红观音尊为例，来详细解析神秘郎窑红器之魅力吧。

这件高 43.2 厘米、口径 12 厘米的康熙郎窑红观音尊，侈口，直颈，丰肩，斜腹，收胫，浅圈足，整个器型显得优美而匀称，特别是光彩夺目的鲜红釉色，不仅釉汁纯净肥润、玻璃质感极强，而且釉面上除了大面积的大开片裂纹外，大开片中还有许多不规则的牛毛纹，使人一见就有一种爱不释手的感觉。至于后世藏家较为欣赏的俗称"灯草边"之特征，更是因其稳重的黑红色与胎质之纯正洁白相对比而显得更加强烈鲜明，这种红似血、黑赛墨、白如雪的釉色对比，实在应该用"相映成趣"来形容。

所谓"灯草边"，其实就是过厚的红釉经炉窑高温而产生流淌，而当红釉从器物口沿处流淌下垂至底足时，由于遇到了在底足外侧用刮刀旋削而成的一个二层台，以致流釉不能超过底足而

清康熙郎窑红观音尊

高 43.2 厘米，现藏于美国纽约大都会博物馆。郎廷极署理景德镇窑务时烧造出的郎窑红，为一种釉色极好的高温铜红釉，呈色好似鲜红的鲜血，并有一种强烈的玻璃光泽，极其绚丽。但是铜红釉的烧造难度极高，若是控制不好，红色就会消失。

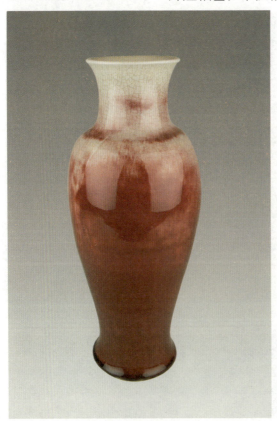

出现一条洁白整齐的轮状白线。也正因此，真正的康熙郎窑红器就有了"脱口垂足郎不流"之称，这是鉴定康熙郎窑红器真伪的一条标准。

另外，凡是真正的康熙郎窑红器，其底足部都会呈现出如米汤一般的米黄色或如苹果皮一样的绿色，这就是俗称的"米汤底"或"苹果绿底"，至于偶然出现的本色红釉底足，也绝对不会泄露胎质原本之白色，因此凡是白底者就绝对不属于康熙郎窑红器。再则，真正的康熙郎窑红器，其底足部位有色而无款，凡是有款识的釉里红器都不是真正的郎窑红器。

作为中国丰富多彩陶瓷系列中的一个名贵品种——康熙郎窑红，记得前文中简介过釉里红瓷器是以铜作为着色剂，而铜这种物质在炉窑中由于还原气氛之不同就会呈现出不同的釉色，所以要想烧造出釉色纯正鲜艳的釉里红瓷器是极为不易的，这就是釉里红瓷器最早虽然可以追溯到北宋之钧窑，但是真正烧造成功却迟至明永乐年间之故，而能够烧造出如红宝石一般的釉里红瓷器则要到明宣德年间，而且恰如文献记载中所谓是以西洋红宝石研磨成末儿掺入釉中才烧造而成。

因此，即便后世因为郎窑红器之珍贵而不断仿烧者可以说是前赴后继、层出不穷，比如首先要仿烧所谓的"米汤底"或"苹果绿底"，都由于铜红釉呈色难以把握而不能仿得相像，至于器物里外皆

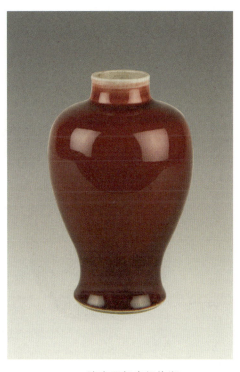

清康熙郎窑红梅瓶

　　高 16.5 厘米，现藏于美国纽约大都会博物馆。

清康熙郎窑红胆式瓶
　　高 20.8 厘米，现藏于英国
伦敦大英博物馆。

有的大小开片，那更是极难仿烧成功的。于是，清末民初有些人为了迎合欧美市场之需求，开始不间断地仿烧康熙郎窑红器，由于铜红釉呈现出绿色，所以他们就美其名曰"郎窑绿"，虽然康熙郎窑红器中确实存在着苹果绿底，当时那是极为个别的偶然现象，因此目前国内外传世的大量"郎窑绿"，绝大多数都不是真正的康熙郎窑瓷器。

　　除了以上原因致使康熙郎窑红器难以成功烧造之外，还有就是经过现代科学检测可知，康熙郎窑红器的成分配方极为科学，其中的氧化铜、氧化锡、氧化钠、氧化钾、氧化镁、氧化钙、氧化铁、氧化铝与氧化硅等成分比例都和釉色与其极为相近的豇豆红差别不大，但是烧造温度则高达 1330℃，这与以往高温瓷器也有着较大的差别。基于康熙郎窑红器以上之故，遂使民间流传着这样一则俗谚，那就是"若要穷，烧郎红"。

　　如此，藏家要想鉴藏真正的康熙郎窑红器，还是要慎之又慎啊！

清雍正珐琅彩题诗梅竹纹盘
——过墙花香　珐琅彩瓷

　　2002 年秋，香港佳士得拍卖行在香港万豪酒店举行了一场名为"中国艺术精品"的拍卖会，一件标号为 611 的拍品——清雍正御制珐琅彩题诗过墙梅竹纹盘，以 3252.41 万元港币成为全场成交榜的魁首，一时间令人拍案叫绝、啧啧称奇。

　　那么，这件打破同类雍正珐琅彩盘最高成交价纪录的瓷盘有何特别之处，它是如何流失到这场拍卖会上的，其最终归宿又在哪里呢？

　　以俗名"古月轩"而驰名世界的珐琅彩瓷器，是清康、雍、乾时期的制瓷精品，更是唯一在皇宫紫禁城内建窑烧制的御用瓷器，烧制精细，数量极少，仅供皇帝把玩或只赏赐给少数蒙古王公、西藏达赖与班禅，这就使其充满了诱人的神秘感。作为外来语的音译词——珐琅，原本只是东罗马帝国与西亚地中海沿岸地区制造陶瓷嵌釉工艺品"拂菻嵌"（亦有"佛郎嵌""佛郎机"或"拂菻"之称）这一名称的中文音译，蒙元时期最初传入中国，也有译作"佛郎嵌""法蓝""佛郎"或"富浪"的。

　　明景泰年间（1450－1456），这种全称"铜胎掐丝珐琅器"的烧制达到了一个高峰，被命名为"景泰蓝"，译名不同，写法亦不同的珐琅器便又有了"发蓝"而后再改为"琺瑯"之名称，当然"铜胎掐丝珐琅器"的名称亦被"景泰蓝"所替代，直到1956年中国有关部门制定搪瓷制品标准后才将"琺瑯"改为"珐琅"，并一直沿用至今。由此可见，那时的珐琅器是一种中国化的铜胎掐丝

明早期掐丝珐琅缠枝花纹花
口盘

口径15.2厘米，现藏于美
国纽约大都会博物馆。

工艺品，并不是在此重点诠释的珐琅彩瓷器。

至于珐琅彩瓷器的诞生，则要迟至清朝初年的康熙年间，当法国商人与传教士将画珐琅技法带入中国时，康熙皇帝一见钟情并顺理成章地想到要把这种工艺移植到他所喜爱的瓷器上，这便产生了"瓷胎画珐琅"——珐琅彩瓷器。

不过，最初烧制珐琅彩瓷器时困难较多，因为珐琅彩料全部依赖从国外进口，烧制工艺也与中国传统烧制瓷器的方法截然不同。据说，当年康熙皇帝为了成功烧制出珐琅彩瓷器，只要见到从外国来的传教士便询问他是否懂得画珐琅工艺，哪怕是只知道点滴皮毛或懂得绘画，就会被康熙皇帝请进紫禁城与工匠们一同研究烧制珐琅彩瓷器。

因为釉上彩瓷器需要二次入窑才能烧制成功，康熙皇帝降旨在紫禁城养心殿建造炉窑，以便能够随时亲临烧制现场巡视督察。选用的半脱胎素瓷也是从皇家御窑厂——景德镇烧制成品中精选而出，然后千里迢迢地运进紫禁城内务府造办处，再由宫廷御用画师遵照康熙皇帝授意精心绘制图案，最后才能送入窑炉烧造。这一举措在中国以往乃至世界上都绝无仅有，使珐琅彩瓷器在康熙末年一经烧制成功便放射出与众不同的璀璨光芒。

雍正皇帝继位后，对烧制珐琅彩瓷器的重视程度比他父亲康熙皇帝是有过之而无不及，比如他派遣最信赖的十三弟允祥负责内务府造办处所有事宜，比如他亲自参与珐琅彩瓷器的样式设计、原料选用与图案绘制，乃至烧制器物的大小与尺寸等，几乎是事无巨细、事必躬亲。据清宫档案记载，雍正六年（1728）二月十七日，雍正皇帝上午来到中和殿与保和殿检视第二天到先农坛祭祀的祭器后，回到养心殿又批阅了 3 份奏折，但是他依然没有忘记对这一天将要入窑烧制的珐琅彩瓷器的器型、花样及所使用的材料做出细致批示。

正是由于有了雍正皇帝的这般高度重视，原本依赖进口的珐琅彩料于这一年在紫禁城内研制成功，且花色品种多达 20 余种，花纹图案也由原本一味效仿国外铜胎掐丝珐琅器那单一花卉而糅合进了中国传统花鸟画的技法，因此无论是工艺水平还是艺术水准都比康熙年间有了巨大的进步。另外，明清时期烧制瓷器的多为御用官窑，且在清光绪二十六年（1900）以前是不准民间经

和硕怡亲王允祥像

爱新觉罗·胤祥（1686—1730），自雍正即位后改名为允祥，康熙第十三子，为帮助雍正抵挡政敌进攻的中流砥柱型的人物，深受雍正倚重。

营或私藏官窑瓷器的，因此民间普通百姓难得一窥官窑瓷器之尊容，更别说像珐琅彩这种只供皇宫紫禁城内摆设的珍稀瓷器了。而这件清雍正御制珐琅彩题诗过墙梅竹纹盘，就是在这一时期这一背景下烧造而成，因此可见其无比尊贵珍稀之一斑。

以上是从珐琅彩瓷器的历史源流与工艺本色方面来解析这件瓷器之非凡贵重，下面不妨由珐琅彩瓷器被笼罩上"古月轩"这一俗名来揭示其至今仍使人莫衷一是的神秘之处。

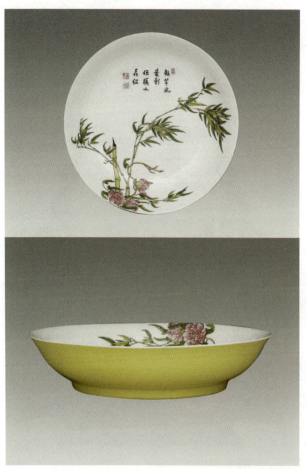

清雍正珐琅彩瓷花竹图盘

关于"古月轩"，不妨阅读几部著述典籍中的文字记载：一是小说家刘鹗在《老残游记》杂记手稿中的一段话：

其实古月轩者，乃乾隆时苏人胡学周在苏自设一小窑，专制瓷瓶、碗、烟壶等小品，不惜工本，一意求精，故其出品均极精美，时人好之，自号"古月轩主人"。乾隆南巡，见而称善，其人亦温雅端方，谈吐可喜，于是携之京师，使掌御窑。

二是清末民初许立衡

在《饮流斋说瓷》中的说法：

古月轩凡三说，一谓古月轩属于乾隆之轩名，画工为金成，字旭映者也；一谓古月轩为清帝轩名，不专属乾隆，历代精制之品均藏于是轩也；一谓古月轩系胡姓人，精画料器，而乾隆御制瓷品仿之也。三说者，所闻异词，所传闻又异词。

三是 1979 年上海出版的《辞海》"珐琅彩"条目中这样写道：

清代康熙时开始烧制，雍正、乾隆时期进一步提高，其底部有"古月轩"字样，俗称"古月轩"瓷器。

四是 1985 年中国台北出版的《郭良蕙看文物》之"玻璃·琉璃·料"一文中的文字：

根据传说乃得一结论，"古月"即"胡"，故古月轩系胡人的住处。想当年郎世宁等人的居所地带被称为"古月轩"，因而得名。……古月轩，即清三代珐琅彩和粉彩细瓷的统称，也是俗称。据说清三代的官窑彩瓷既无古月轩款书（偶有此种款书者，均系晚清产品），清宫内也无古月轩宫名。

由此可见，在古玩行盛传一时的古月轩即便不是无中生有的空穴来风，至少也是无从考证或查无实据的民间传闻，只是由于人们特别是老北京古玩行的人们对此深信不疑或者说不愿意怀疑，而使其身价倍增、风靡全球并余波及今，这实在是一件值得玩味的文物趣事。比如这件雍正御制珐琅彩题诗过墙梅竹纹盘于 2002 年之所以能拍出 3252.41 万元港币之天价，比如 3 年后的 2005 年 10 月乾隆御制珐琅彩"古月轩"题诗花石锦鸡图双耳瓶在香港苏富比拍卖会上竟以 1.03 亿港元顺利成交，比如 2006 年乾隆御制珐琅彩杏林春燕图碗在拍卖会上再创 1.5 亿多港元而成交，从某种意义上来说都与"古

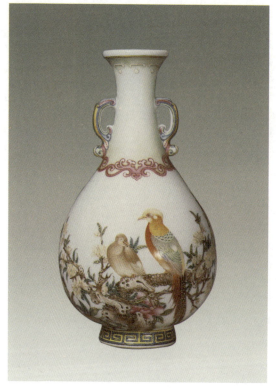

清乾隆御制珐琅彩"古月轩"题诗花石锦鸡图双耳瓶

月轩"这一在鉴赏家、古玩商与文物拍卖行中广为流传的神秘盛名有着或多或少之联系，因为在其中一场拍卖会上就曾明确标注出了"古月轩"这 3 个字。

既然珐琅彩瓷器属于皇家专享之珍品，那么它是何时流入民间为人们所认识，这件雍正御制珐琅彩题诗过墙梅竹纹盘又是如何流失到这场拍卖会上的呢？

关于清宫御用瓷器不正常的外流时间，最早可以追溯到清咸丰十年（1860）英法联军攻陷北京并纵火焚烧圆明园等皇家诸多御园之时。据说，那时的北京琉璃厂，经常可以见到醉醺醺的英法联军士兵，手持从皇家御苑中劫掠而来的古代书画及御用珍宝等前来换酒钱，其中当然就包括民间难得一见的珐琅彩瓷器珍品。

光绪二十六年（1900）八国联军占据北京后，除了在北京与天津等地的古玩店里可见这些珍宝身影之外，还有许多御用瓷器出现在了中国香港与欧洲的拍卖会上，以至于民间流传有"买好绸缎到瑞蚨祥，买好中药到同仁堂，买好硬片到延清堂"之民谚俗语。这里所说的"硬片"，就是相对于珍贵古代书画而言的官窑瓷器，因为在老北京古玩行里早有称瓷器与字画为"硬彩"与"软彩"一说。如此，读者不禁会问，买"硬片"为什么要到"延清堂"呢?

原来,光绪二十八年(1902)正月慈禧太后自西安回銮京师后,发现皇宫紫禁城等皇家御苑内的古玩陈设损毁丢失严重,遂准备降旨彻底查抄全城以收缴皇家丢失的这些古玩珍宝。对此,慈禧太后的一名亲信、清廷内务府专门负责宫内古玩陈设事务的庆宽(又名庆小山),考虑到如果查抄全城可能会引起骚乱,便向慈禧太后启奏改"查抄"为"收购"并得到恩准。随即,慈禧太后敕令庆宽负责收购事宜,而庆宽也于这年春节过后在隆福寺设立了收购站,并指派与琉璃厂古玩商交往密切且精通青铜、陶瓷与杂项等文物鉴赏的自家管家常惠川坐镇收购站处理具体事宜。随着皇家在隆福寺开始收购散失民间的御用古玩珍宝后,历经劫难的琉璃厂古玩行迅速得以恢复并壮大兴盛起来。其中,清廷内务府总管文索于光绪二十五年(1899)出资恢复了大观斋,聘请赵佩斋为大掌柜。

在皇家设立收购站之前,文索还出资9900两白银开设了一家新的古玩铺,并聘请能言善辩、胆大心细且精擅瓷器鉴定的丁济谦为大掌柜,这就是北京琉璃

清雍正御制珐琅彩杏林春燕图碗

高7.7厘米,口径15.8厘米,现藏于中国台北"故宫博物院"。

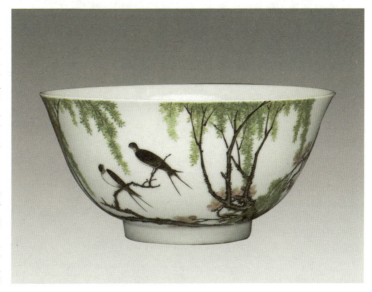

厂第一家专门以官窑瓷器为主打经营商品的古玩铺——延清堂。

延清堂由清廷内务府总管文索出资开设，而设在隆福寺的皇家收购站又是专门收购散失民间的清宫古玩珍宝之地，且两方负责者丁济谦与常惠川还是交情很好的老相识，故此两家联手收购官窑瓷器便成顺理成章之事，而这也是延清堂自清光绪二十七年（1901）开业至民国十五年（1926）歇业这25年间能够始终居于琉璃厂鉴定经营官窑瓷器之魁首地位的主要根源，当然通过这家古玩铺为中介而流失海外的中华国宝，恐怕也应该名列琉璃厂诸多古玩铺之魁首吧！

关于这一点，有3例史实足以为佐证：

一例，延清堂营业之初，便有人拿来一件清乾隆粉彩镂空转颈瓶到延清堂求售。当时，第一次经

老北京古玩铺

老北京的古玩铺集中在琉璃厂、东华门、东四牌楼等地，隆福寺就坐落在东四北大街附近。

营这种官窑瓷器生意的丁济谦还比较谨慎，没有亲自直接做成这桩生意，而是采取了一个"暗度陈仓"的方法。他指派延清堂的大徒弟任雁亭带领此人来到隆福寺皇家收购站，暗示常惠川代表收购站先出资200两白银予以收购，再以原价转让给延清堂高价售出，当然延清堂支付给常惠川一定的"回扣"，就这样延清堂顺利地做成了第一桩官窑瓷器生意，只是不知这件皇家御用瓷器精品今已失落何处。

二例，宣统元年（1909）设在隆福寺的皇家收购站结束了自己的历史使命，常惠川便来到延清堂真正的主人文索家中管理一些事务，由于他与琉璃厂古玩行交往深厚，故此在闲暇时便到琉璃厂溜达。有一次，他得知火神庙出现了一件图案极为奇特的乾隆官窑粉彩描金瓶，随后又从清廷翰林学士袁励准口中探知这件官窑瓷瓶所蕴藏的非同寻常的寓意，便果断地找到丁济谦与其合伙以500两白银购买了这件俗称"兔儿爷坐金銮殿"的稀世瓷瓶。到了民国元年（1912），当丁济谦向比利时一位陶瓷收藏家讲述当年袁励准翰林对这件瓷瓶图案的诠释后，这位比利时收藏家当即以8000块大洋购买了它，随后此人又以2万英镑转售给了一位英国收藏家，致使这件堪称绝世孤品的中国瓷器瑰宝流失海外后便湮没无寻了。

原来，乾隆皇帝是辛卯出生属兔，而这件乾隆官窑粉彩描金瓶的款识也写有"辛卯年"字样，故此可知这件瓷瓶应该是乾隆皇帝60岁圣诞时的贡品，瓷瓶上那"兔儿爷坐金銮殿"图案中的"兔儿爷"就代表着乾隆爷，由此可见这件图案寓意深刻而设计巧妙的瓷瓶是何等之珍贵了。

三例，民国初年（1912）清廷热河行宫被盗，皇家诸多御用珍宝流失民间，其中诸如康熙官窑豇豆红尊、柳叶尊、郎窑瓶及"古月轩"款珐琅器等原本在普通古玩铺根本见不到的官窑瓷器精品大多流进了延清堂，很显然这与丁济谦及时任热河都统熊希龄有着重大关系。于是，有人认为是丁济谦与熊希龄合谋实施了盗窃案，又伪造被盗假象以欺瞒世人耳目。

后来，北洋政府捕获一位所谓的行窃者，并以之为线索派人到延清堂索取赃物。丁济谦不仅没有上交赃物，还态度强硬地将来人赶了出去。面对丁济谦这种不合作的态度，北洋政府有关部门便将延清堂起诉到了法院，而丁济谦面对法官依然蛮横："我是公买公卖，将本图利，有卖的我就买，东西不是我偷盗来的。应该负失盗责任的是熊希龄，他是热河都统，你们有胆量找他去。"而丁济谦之所以如此肆无忌惮，不仅因为他与北洋政府高层人物交往密切，更由于此时的熊希龄已经升任北洋政府国务总理兼财政总长了，试想还有谁敢去指责他的"失窃之罪"呢？既然如此，热河行宫被盗案还是不了了之的为好。

正是在政治背景渊深而又胆大心细的丁济谦之管理下，延清堂迅速成为北京琉璃厂经营官窑瓷器的龙头老大，不仅聚拢了国内大批收藏家、实业家与官宦人员，就连国外一些博物馆、收藏家及企业家们也蜂拥而至。这就使延清堂成为中国御用瓷器珍宝流失国外的集散地兼中转站。据国外诸多博物馆对所藏中国官窑瓷器来源所标注的说明词，以及海外一些私人收藏家之讲述，他们所藏明清官窑瓷器大多购自延清堂，其中就包括这件雍正御制珐琅彩题诗梅竹纹盘。遗憾的是，香港佳士得拍卖行在征集到这件拍品时，不仅没有透露这位海外藏家的身份，就连竞拍成交后也只提供了"据悉是一位亚洲买家托人购买"这么一句淡话。

既然如此，在此只能扫描这

清雍正珐琅彩题诗梅竹纹盘

件二度流失海外的中华国宝之概貌，以稍稍慰藉国人的郁闷心情。业内人士皆知，清康、雍、乾三朝珐琅彩瓷器风格各异而鲜明。比如，康熙年间烧制的珐琅彩瓷器纹饰，基本上沿袭了欧洲铜胎掐丝珐琅器的图案风格，以写生花卉与图案式花卉为主，而雍正年间的珐琅彩瓷器不仅摆脱了铜胎掐丝珐琅器之影响，而且还融进了中国传统文人所崇尚的梅兰竹菊及山水画的幽远意境，这与随后乾隆年间讲求稠密、细致与堆砌的中西合璧式

清雍正珐琅彩瓷黄地莲花碗

装饰方式有着很大区别，具有中国传统文人一贯喜爱的淡雅、清新、隽永的审美意趣。因此，从某种意义上说，在中国长达 8000 年的陶瓷发展史上，雍正珐琅彩瓷器制作工艺达到了中国陶瓷制作的最高水平，而这件雍正御制珐琅彩题诗梅竹纹盘就是其中的杰出代表。

确实，从盘底圈足内那双方框的"雍正年制"蓝料款可知，这件盘口直径 17.2 厘米的雍正御制珐琅彩题诗梅竹纹盘，是雍正年间烧制于清宫内府

　　根据清宫档案记载，雍正皇帝不仅将精美的珐琅彩瓷送给素有邦交往来的蒙古和西藏的王公贵族，同时也降旨配匣作为典藏品，以备永远传世。

的一件御用瓷器,其绘工精致细腻,图案构思新颖别致。两枝梅竹主干由器足向上延伸跨越口沿后进入盘内,其中一枝又翻过口沿回到盘之外壁,翻越过程自然流畅,纹饰过渡浑然一体,宛如一幅立体画卷般令人赏心悦目。据史料记载,这种花枝由器外延至器内的陶瓷制作工艺,首创于明朝末年,后因深受清康熙、雍正与乾隆三位皇帝之偏爱而使其得以迅速发展,并名之曰"过墙花"。

不过,像雍正御制珐琅彩题诗梅竹纹盘这件由器外攀进器内再翻出器外的"过墙花",在有清一代传世至今的数百件珐琅彩瓷器中,即便不是绝无仅有、举世无双,起码也是极为罕见的珍稀异品,如果再加上雍正皇帝御题的"芳蕊经时雪里开"这句应时应景诗句的衬托,简直可以毫不夸张地称之为世间孤品了。

清雍正粉彩蝠桃纹橄榄瓶
——天价竞拍　无私捐赠

2004年2月14日，上海市人民政府隆重举行了一场捐赠仪式——张永珍女士捐赠清雍正粉彩蝠桃纹橄榄瓶，这是上海博物馆自1952年开馆以来接受的价值最昂贵的一次捐赠。

那么，这是怎样一件清雍正粉彩蝠桃纹橄榄瓶，它价值几何，张永珍女士是如何得到这只宝瓶的，她又为何要捐赠给上海博物馆呢？

关于"清雍正粉彩蝠桃纹橄榄瓶"这个名称，至少告诉人们4点信息：一、这只宝瓶是清雍正年间由江西景德镇御窑厂烧造而成；二、在这只宝瓶上彩绘有蝙蝠与桃子的图案，因为蝙蝠的"蝠"与"福"谐音，而桃子在中国古代则代表长寿，因此这一图案象征着福寿双全；三、这只宝瓶属于粉彩瓷器；四、

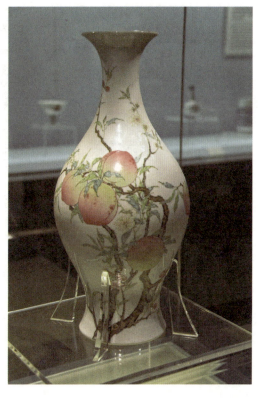

清雍正粉彩蝠桃纹橄榄瓶

高39.5厘米，现藏于上海博物馆。瓶身绘制了粉彩八桃两蝠，因桃子象征"长寿"，蝠是"福"的谐音，寓意福寿双全。

由于这只宝瓶的造型恰似橄榄，故有"橄榄瓶"之名。

关于这4点信息，简介"粉彩"一词对于一般读者而言似乎不是什么多余的话。简而言之，粉彩就是在清康熙五彩的基础上掺入西方珐琅彩工艺而创制出的一种釉上彩瓷器新品种。

那么，什么是"五彩"和"珐琅彩"呢？

首先，我们要想比较清楚地解释"五彩"，就不能不对原生于中国之瓷器的装饰手法进行梳理。一般而言，瓷器的装饰手法可分3类：胎装饰、釉装饰和彩装饰。在做好的瓷坯上运用刻、划、剔、贴、印、雕、塑与镂空等技法施以各种纹样，然后直接入窑烧制而成素瓷，这就属于胎装饰。釉装饰，是在做好的瓷坯上按照所需施以各种釉料后入窑烧制而成釉瓷。在瓷胎上上釉的方法最初只是刷釉，后来逐渐产生了浸釉、荡釉、抹釉及吹釉等多种方法，烧造出来的釉色也从原始的青釉发展为白釉、红釉、绿釉、黑釉、窑变釉、天青釉、开片釉、青白釉及霁青釉等各种高低温色釉。

至于彩装饰，则与胎装饰、釉装饰有所不同，它是在已经烧造好的素瓷上用矿物质颜料描绘出各种图案后再次入窑烧制成器的一种装饰手法。它是匠师们在制瓷业发展过程中，对各种矿物质经窑火烧制而发

康熙五彩西王母瑶池祝寿图纹棒槌瓶

高73.7厘米，现藏于美国纽约大都会博物馆。这种造型的瓶因形似古代洗衣用的棒槌，故被称作"棒槌瓶"。

生奇妙显色效果的不断深入认识后所发现并掌握的一种装饰手法，通常可分为釉下彩与釉上彩两种。釉下彩，就是先彩绘后上釉入窑一次烧成；釉上彩，则是先上釉入窑烧制成器后再彩绘入窑进行二次烧制，五彩就属于釉上彩技艺的一种。

彩装饰的这种瓷器装饰手法，还可分为金彩与粉彩两种：金彩早在唐代就已发明，只不过那时仅是用漆将金箔贴于器上，继承发展到清代时则以金粉代替金箔，名之曰"描金"，再后来又以金水替代金粉，如此而已；至于粉彩，依然要从釉上彩说起。

据史书记载，釉上彩这种彩瓷工艺发端于明宣德年间（1426－1435），到了明嘉靖、万历时已经发展得相当成熟，尤其是与釉下青花合绘于一器的青花五彩，更是当时瓷器发展之主流。五彩到了清康熙时则主要是在白釉瓷上彩绘，极少使用青花为地，并以其艳丽色彩、精湛绘画与丰富品类而逐渐形成自己的独特风格，遂享有"康彩恢奇"之美评。不过，康熙五彩的彩绘技法为单线平涂，且烧造温度要求较高。雍正皇帝继位后，内务府员外郎唐英被任命为督陶官，派驻景德镇御窑厂亲自主持烧造皇宫御用瓷器，遂在康熙五彩基础上逐渐摸索烧造出了极为符合雍正皇帝心意的粉彩瓷器。那么，督陶官唐英是何许人也，他又是如何烧造出名扬世界的雍正粉彩的呢？

出生于清康熙二十一年（1682）的唐英，字俊公（又隽公），自号蜗寄老人，关东沈阳人，隶属汉正白旗。自16岁就供奉紫禁城养心殿的唐英，在宫中充当侍卫达20多年后，于雍正元年（1723）被授予内务府员外郎一职，雍正六年（1728）奉使景德镇御窑厂佐理陶务。后来，由于督陶官年希尧只是每年春秋两次到御窑厂巡视，并不长驻景德镇，雍正皇帝遂改任唐英为督陶官。唐英前后驻在景德镇达28年之久，编写了《陶务叙略》《陶冶图说》《陶成纪事》等著作，使景德镇御窑瓷器烧造取得了前所未有的辉煌成就。

据《景德镇陶录》记载：

公（唐英）深谙土脉、火性，慎选诸料，所造俱精莹纯全。又仿效古名窑诸器，无比媲美；仿各种名釉，无不巧合；萃工呈能，无不盛备；又新制洋紫、珐青、抹银、彩水墨、洋乌金、珐琅画法、洋彩乌金、天蓝、窑变等釉色器皿。土则白壤，而埴体厚薄惟腻，厂窑至此，集大成矣！

由此可知，景德镇御窑厂之所以取得"集大成"之成就，与督陶官唐英的出色才干及潜心钻研是分不开的，具体到雍正粉彩烧造之成功，同样应该归功于唐英的探求摸索。

前面我们说过，粉彩是在康熙五彩基础上掺入西方珐琅彩工艺而创制出的一种釉上彩瓷器新品种，因此唐英烧造出雍正粉彩同样是奠基在康熙五彩的基础上，至于他是如何想到要掺入由西方传来的珐琅彩工艺，自然离不开他对珐琅彩工艺的了解乃至谙熟。

行文至此，解释珐琅彩工艺应该是水到渠成的事了。珐琅，是一种较软的玻璃料，如果在里面加入不同的金属氧化物作为呈色剂并用油进行调和的话，便可以得到人们所需要的各种珐琅彩。而用这种彩料在烧造好的素瓷上绘制所需图案后，再入窑进行第二次烧制，便可得到这种色彩极为美妙的珐琅彩瓷器，

《景德镇陶录》书影

《景德镇陶录》是清乾隆、嘉庆年间景德镇人蓝浦所著，后由其门人郑廷桂辑补的一本瓷器专著。原书共分10卷，有陶冶图说、清御窑厂、陶务、景德镇历代窑考等内容。此外还介绍了景德镇自唐宋以至明清各期的瓷窑，汇辑了自唐宋以来有关景德镇的文献。

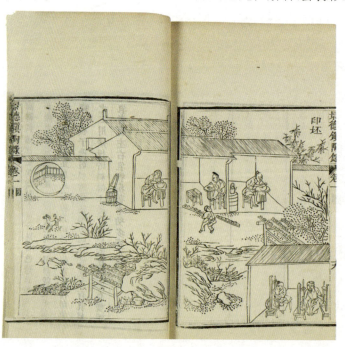

清乾隆时亦称之为"瓷胎画珐琅"。

据史料记载，这种画珐琅技法15世纪中叶源于法国，经过一个多世纪的缓慢发展后，因工匠琤一世发明新的画珐琅技法而使其取得了如油画一般的色泽效果。清朝初年，画珐琅技法由法国商人与传教士带入中国后，随即受到康熙、雍正与乾隆三朝皇帝的喜爱，特别是雍正皇帝还于雍正六年（1728）在紫禁城内务府设立珐琅彩料造办处，不仅从此结束了从西洋进口珐琅彩料的历史，而且还"造办"新增了诸多色彩品种。这就为督陶官唐英将其与康熙五彩融合而烧造出雍正粉彩奠定了基础。

唐英瓷坐像

唐英（1682—1756），沈阳人，隶属汉军正白旗，清朝雍正和乾隆时期内务府员外郎，事于养心殿，江西景德镇御窑厂的督陶官，以其对瓷器制作的卓越贡献而闻名。

唐英在景德镇御窑厂督造御用瓷器期间发现，先在高温烧成的素瓷上勾出图案轮廓后，再在图案轮廓内填上一层白玻璃——珐琅料，然后在其上施以所需彩釉并用干净软笔将彩釉按照颜色深浅浓淡匀开，使图案呈现出一种明暗对比的层次感。由于珐琅料的主要成分是玻璃，而玻璃中因含有起乳浊作用的氧化砷，遂使釉料产生一种不透明的粉质感，故称之为"粉彩"。

粉彩的这种装饰效果，与中国传统绘画的没骨法有异曲同工之妙，且烧造温度也要低于烧造康熙五彩。由于康熙五彩给人以一种强烈坚硬的感觉，所以世间便有了"康熙硬彩"与"雍正软彩"之别。烧成于雍正年间的粉彩，因绘画线条柔美、色彩柔和且画面有立体感，深受雍正与乾隆两位皇帝的喜爱与推崇，以至于逐渐形成了一统清代彩瓷天下之势。

不过，清代御窑瓷器上的图案依旧沿袭明代为多，无非是象征吉祥如意或富贵祥和的团花、团蝶、蝙蝠、仙桃、花卉、灵芝及麻姑献寿、戏婴之类。雍正粉彩图案也难脱窠臼，没有什么大的创新与发展，只是在图案的细部稍做改动变化而已。比如，寓意福寿双全的过枝蝠桃图案，雍正粉彩一般绘制八个鲜桃，乾隆粉彩则绘制九个鲜桃，故世有"雍八乾九"一说。不过，雍正朝绘制这一图案中的蝙蝠时，往往在其翅膀顶端之下弯有小钩，钩中画有一点，蝙蝠嘴上多刷有细毛，至于两行六字楷书款的"大清雍正年制"，也是辨识雍正粉彩的一个明显标志。这些特点在张永珍女士捐赠给上海博物馆的这件雍正粉彩蝠桃纹橄榄瓶上都有很好的印证。

另外，清代御用瓷器的造型无非是盘碗之类，像张永珍女士捐赠的这件橄榄瓶造型，新颖别致，极为罕见，如今已成为世间绝品孤例了。据中国瓷器协会会长、上海博物馆副馆长汪庆正等专家考证说，这件雍正粉彩蝠桃纹橄榄瓶是专为帝王后妃庆祝寿诞时所特制，因此更加显得无比珍贵。

传说，雍正十二年（1734）雍正皇帝万寿节前夕，景德镇御窑厂工人们正在将刚刚烧造出来的新瓷样品装箱打包准备运往京城。待到所有瓷器点装完毕，始终站在一旁的督陶官唐英，却让工人打开一只已经贴好封条的箱子，从中取出了几件粉彩瓷器。随后，唐英向雍正皇帝上奏说明情况，并请求延长进贡粉彩瓷的期限。

原来，向来行事细致严谨的唐英自从被朝廷任命为景德镇御窑厂督陶官后，逐渐感到御用瓷器的图案及造型比较单一，总想有所突破创造出新的图案或造型。然而，寓意富贵吉祥的传统图案是皇家最爱，是万万不可轻易改变的，因此要想推陈出新就只能从器物造型上想办法。于是，唐英组织御窑厂技师开始重新设计粉彩瓷器，并在众多造型中最终选定了橄榄瓶的设计方案。器物造型选定之后，唐英又对传统图案进行改良完善，并巧妙地绘制出了雍正粉彩蝠桃纹橄榄瓶上的这一美妙图案。

确实，张永珍女士捐赠的这件清雍正粉彩蝠桃纹橄榄瓶，高35.9厘米，口径10厘米，底径12厘米，最大直径18.5厘米，撇口、长颈、溜肩、鼓腹、圈足，乳白色橄榄瓶身上缠绕着两束粗壮的桃枝，枝上挂着8个已然成熟的鲜桃，让人有一种垂涎欲滴的感觉，两只红色蝙蝠翩飞其间，似乎也想品尝这鲜桃的美味。构思巧妙的，还有十几朵已经开放或含苞待放的桃花闪烁在枝头，这不能不让人感受到一种生机勃勃、欣欣向荣的气息。至于这只宝瓶的胎质、釉色与烧造工艺等，更是炉火纯青，无可挑剔，胎质匀薄而细腻，釉色洁白而润泽，纹饰新颖而别致，色调新鲜而淡雅，造型隽永而秀气……

因此，称其代表了整个清代粉彩瓷器最高烧造水准，应该说一点儿也不为过。然而，堪称中国粉彩瓷典型标准器的这件清雍正粉彩蝠桃纹橄榄瓶，却在当年英法联军火烧圆明园时被劫掠海外，从此如石沉大海般杳无踪影。

2002年仲春时节，全国政协常委、香港特别行政区立法会选举委员会委员、香港中华总商会副会长、香港著名实业家张永珍女士，正在一架从英国飞往香港的大型客机头等舱里小憩，乘务人员

清雍正粉彩过枝桃蝠纹盘

口径20.7厘米，现藏于美国纽约大都会博物馆。

清乾隆粉彩九桃瓶

高 52 厘米，现藏于英国伦敦大英博物馆。瓶身通体绘桃树一株，树干茁壮，枝上结蟠桃 9 个，桃树旁衬一簇月季。乾隆时期的粉彩瓷器中有大量祥瑞题材的装饰，以此来寓意吉祥。

递给她一张当日的香港报纸。张永珍女士不由被其中一则新闻吸引了——清雍正粉彩蝠桃纹橄榄瓶将在香港苏富比春季拍卖会上公开拍卖。望着这件旷世宝瓶上那淡雅宜人的蝠桃图案，张永珍女士立即从心里涌动出一种说不出的喜爱，而当她阅读文章了解到这件人间孤品悲惨而传奇的身世后，遂决定参加竞拍不再使其流失海外。

出生于上海的张永珍女士，实在是一个颇具传奇色彩的人物，19 岁定居中国香港，后到英国留学期间与剑桥大学考古学教授郑德坤之子郑政训相识相恋，与其在英国结婚并育有两子两女，直到她 43 岁外出工作前一直居家相夫教子。而张永珍女士走向社会的第一份工作，就是创办关心妇女社会地位与未来的一份杂志——《象牙塔外》，1976 年她在这份杂志的新年贺词中这样表达心声：

让我们把好意
编织成一个花篮
让我们把祝福
化作鲜花朵朵
献给我们

健康愉快的 1976 年

象牙塔外

有片片

大好风光

象牙塔外

是我们

同歌同舞的广场

象牙塔外

是我们

切磋琢磨的会堂

象牙塔外

也闪耀着

我们的

无比美妙的希望

……

　　诚如所愿，这时初涉商海就已崭露头角的张永珍女士，在香港注册成立了大庆石油有限公司，并很快便打破了外国石油一统港岛的垄断局面。随后，张永珍女士先是投资 5000 万元在上海兴建了港岛在该市建造的第一栋大厦——雁荡大厦，后又牵线瑞典爱立信电话有限公司在南京、北京组建合资公司，接着再投资 1800 万元在香港城市大学建立第一座为培养内地经济贸易人才而举办的"香港工商业研讨班"培训基地，至于体现中华民族扶危济困、乐善好施传统美德之举，那更是有口皆碑、数不胜数。

　　据不完全统计，张永珍女士 10 多年来捐助内地教育等光荣事业的资金达两亿元之巨，曾在内地留下了"走一路，捐一路"的传奇佳话。至于张永珍女士成长为世界著名收藏家的经历，则与其家庭背景密切相关，因为她的祖父张缉如是苏州当年著名的雕塑家兼竹刻家，而父亲张仲英则在上海开设专门经营明清官窑瓷器的"聚珍斋"古董店，哥哥张宗宪 21 岁到香港闯荡后逐

清乾隆粉彩过枝桃蝠纹碗

高8.1厘米，口径18.5厘米，
现藏于英国伦敦大英博物馆。

渐成为文物市场上威震八方的风云人物，他那座名为"云海阁"的藏宝地可以说是珍宝荟萃，所藏之宝价值连城。在这样的家庭氛围中成长起来的张永珍女士，很自然地会对文物古董收藏产生兴趣并涉足其中，特别是对中国明清官窑瓷器更是情有独钟，比如她志在必得的这件清雍正粉彩蝠桃纹橄榄瓶。

关于这件清雍正粉彩蝠桃纹橄榄瓶的重新出现，同样具有非常偶然的传奇色彩。2002年初春时节，出身美国显赫家族的奥格登·里德（Ogden Rogers Reid）与母亲海伦回到其家乡老宅，整理祖上遗留下来的一些古董文物，准备进行拍卖。当拍卖行文物鉴定师如约前来时，他不由被置放在房间一角的一盏台灯吸引了，因为这盏台灯的底座竟然是一只图案美妙的瓷瓶。

凭借职业敏感，鉴定师仔细看了看这只瓷瓶，又询问主人关于这只瓷瓶的来历，认定这只瓷瓶是来自中国的清雍正粉彩蝠桃纹橄榄瓶，堪称旷世罕见的无价之宝。原来，奥格登·里德的外祖父韦罗·里德是美国共和党的元老、纽约《先驱论坛报》创办者之一，曾出任过詹姆森朝廷大使，这件清雍正粉彩蝠桃纹橄榄瓶就是他于1905年至1912年出任詹姆森朝廷大使期间所得。小时候的奥格登·里德曾多次见到过这只瓷瓶，但是并不知道它竟是价值连城的珍宝。那时候，美国人一度喜欢在花瓶底部钻个洞将其改装成灯座，好在这件宝瓶幸免于难，底部没有被钻孔以穿电线，只是宝瓶身上已经落满灰尘，瓶内也塞进了半瓶子泥沙及一张1969年9月3日的《格林尼治时报》。

百年蒙尘，一朝现世。2002年5月7日，清雍正粉彩蝠桃纹橄榄瓶出现在中国香港苏富比"中国经典瓷器拍卖会"上，并吸引了全球诸多国家的著名博物馆及收藏家前来竞拍。

面对一些专程从英国、法国、日本等国家赶到中国香港的竞拍者，气定神闲的张永珍女士故意稍晚些时候才到场。当标号为532的清雍正粉彩蝠桃纹橄榄瓶以900万港元起拍价被拍卖师朱汤生报出后，张永珍女士并没有积极举牌竞拍，直到竞拍价已经蹿升至1300万至1700万时，她才不再顾及仍有新竞拍者的不断加入，而是犹如一匹脱缰的红色宝马（竞拍那天张永珍女士特意穿着鲜红耀眼的衣服），将竞拍价一直"顶"到了3600万之惊天价位，使原本争先恐后的竞拍者纷纷摇头慨叹败下阵来。随后，张永珍女士笑容可掬地举起了她的606号竞拍牌，将她莫名喜爱且志在必得的宝瓶收入囊中。

清雍正粉彩桃枝纹盘

口径9.6厘米，现藏于英国伦敦大英博物馆。

清康熙粉彩加金寿桃纹大盘

粉彩始创于清康熙中晚期。初创时，仍以五彩做映衬，主纹饰用粉彩。这对盘内底绘折枝仙桃一枝，分别在桃正中用金彩书篆书"万""寿"两字，为清康熙御窑厂在中晚期创新品种中的珍品。

久经拍场的拍卖师朱汤生后来回忆说，那是他从事拍卖工作50年来最难忘的一次。张永珍女士以3700万港元拍得清雍正粉彩蝠桃纹橄榄瓶，加上佣金则高达4150万港元，创下了清代瓷器拍卖价格的世界新纪录。然而，就是这样一件天价宝瓶，张永珍女士却在一年多后决定将其无偿捐赠给上海博物馆，从而再次引起轰动而成为世人关注的焦点。

2003年国庆节刚刚结束，上海博物馆副馆长汪庆正接到张宗宪先生的电话，说他妹妹张永珍女士想把那件清雍正粉彩蝠桃纹橄榄瓶无偿捐献给上海博物馆。

闻听此言，汪庆正真可以说是惊喜万分，因为当初香港苏富比拍卖行将包括这件宝瓶在内的拍品带到上海预展时，这位瓷器鉴定专家就被它出神入化的艺术魅力所震撼，梦想着能够将这件拍品回购入藏上海博物馆，可该馆当时可以用于竞拍的资金只有 1000 万人民币，只能是无可奈何地与其失之交臂。而今，昔日梦想即将变成现实，这怎能不让汪庆正激动不已呢？于是，他随即将这一天大喜讯报告给了馆长陈燮君。

3 天后，陈燮君馆长在南伶酒家宴请张宗宪先生，请他向张永珍女士转达上海博物馆的诚挚谢意。10 月 26 日，汪庆正与上海市文物管理委员会徐勇翔处长专程飞赴香港，两天后他们抱着价值 4150 万港元的这只宝瓶返回上海。

2004 年 1 月 30 日，上海博物馆专门举行张永珍女士捐赠清雍正粉彩蝠桃纹橄榄瓶的新闻发布会。2 月 14 日上午，张永珍女士特意穿上象征吉祥喜庆的中式红色套装，专程从香港来到上海参加捐赠仪式，接受了国家文物局局长单霁翔颁发的奖状；下午，上海市人民政府为了表彰张永珍女士的爱国之举，由市长韩正亲自授予她上海市"白玉兰荣誉奖"。

自此，这件清雍正粉彩蝠桃纹橄榄瓶成为上海博物馆永久的镇馆之宝，彻底结束了长达百年蒙尘屈辱的飘零生涯。

对此，张永珍女士只是淡淡地说："该是落叶归根的时候了。"

清乾隆粉彩六方套瓶

——为国"抢"宝 死而无憾

2000年6月24日上午11时，北京首都国际机场出现了一个激动又略显悲壮的接机场面：当北京市文物公司总经理温桂华与前总经理秦公的夫人走下舷梯时，前来迎接的北京市文物局领导、国家文物鉴定委员会的专家、首都新闻媒体的记者朋友及北京市文物公司的员工们，都不由自主地举起双手以热烈的掌声欢迎他们凯旋。当然，随同他们一起凯旋的还有代表中国陶瓷工艺最高水平的标准器——清乾隆粉彩六方套瓶。

这时，向来触角敏锐的记者朋友不约而同地包围了秦公夫人，这不仅仅是因为秦公夫人怀抱着具有重要历史、文化与艺术价值的这件宝瓶，还由于她的丈夫、著名文物鉴定家秦公为了这件宝瓶不再流失海外而献出了自己宝贵的生命。

2000年4月的一天，位于北京琉璃厂东街的北京市文物公司正在紧张有序地征集文物，这时公司顾问刘岩先生在家中接到了一个神秘电话，随后他来不及向公司总经理秦公先生汇报，便直接赶往机场飞赴香港去了。

原来，刘岩先生从那个神秘电话中获知：5月2日香港苏富比拍卖行将公开拍卖当年英法联军从中国圆明园劫掠的清乾隆粉彩六方套瓶等4件珍贵文物。

果然，当刘岩先生到达香港后不几日，香港各大新闻媒体便刊登了这条令人震惊的消息。接着，香港民众纷纷表达自己的看法，许多人还走上街头以游行方式抗议苏富比拍卖行的这一行为，认为从圆明园劫掠的文物应该无偿归还中国，而不能把赃物当作拍品进行公开拍卖。然而，当时由于香港特别行政区还没有加入有关国际公约，香港民众的抗议，以及中国国家文物局随后向该拍卖行提出的严正交涉，都无法阻止这些拍品的正常拍卖。

既然如此，刘岩先生不能不在第一时间将这些情况向秦公先生汇报，而这时的秦公先生也表示他们正在密切关注此事，并嘱咐刘岩先生在香港等候他的消息。几天后，刘岩先生在凌晨3点多的时候接到秦公先生的电话，明确告知说北京市文物公司决定参与竞拍，并表达了务必竞拍成功的迫切愿望与坚定决心。

那么，清乾隆粉彩六方套瓶是一件什么样的珍贵文物，竟让这位已经促使数十件流失海外的国宝级文物回归中国的秦公先生如此看重呢？

据《乾隆纪事》记载：清乾隆八年（1743）阳春三月的一天，乾隆皇帝来到圆明园新落成的西洋楼巡视赏玩，在巡视过程中他对园林景色及西洋建筑甚为满意，唯一感觉美中不足的是室内缺少与之相配的陈设珍品。于是，乾隆皇帝向远在千里之外的景德镇御窑厂督陶官唐英下了一道圣旨，让他尽快设计出几种用于陈设观赏的新式瓷器。

清乾隆粉彩六方套瓶

高40.6厘米，口径12.3厘米，现藏于北京首都博物馆。

《圆明园东长春宫西洋楼图
铜版画》之大水法

此铜版画册由意大利人郎
世宁和法国人浦忒偲于1785年
绘制。

接到这一圣旨后，督陶官唐英面对乾隆皇帝在圣旨中提出"登峰造极"的要求，甚为踟蹰不安，因为酷爱陶瓷且颇具鉴赏能力的乾隆皇帝对产品要求十分严格。前不久，他就因为未能烧制出新的瓷器样品，已经被乾隆皇帝罚了3个月的俸禄。而今，被要求设计烧造出"登峰造极"的新瓷器，让这位清代最杰出的陶艺大师感到寝食难安。于是，唐英把自己关在屋里开始苦思冥想，并参照以往烧造新式瓷器之经验，多日后终于设计出了名曰"夹层玲珑交泰瓶"等9种新瓷器，其中就包括这件全称"清乾隆酱地描金粉彩镂空六方套瓶"，这也就是后来创造出的"转心瓶"的一个重要过渡。

面对新设计出来的"夹层玲珑交泰瓶"小样，

督陶官唐英自信地认为只要烧造成功就一定能达到"登峰造极"的要求。果然，当乾隆皇帝见到这一小样时也龙颜大悦，让唐英尽快将其烧造出来。据《清宫档案》记载，由于烧造清乾隆粉彩六方套瓶工艺极为复杂高妙且"工料过费"等原因，当时督陶官唐英在景德镇御窑厂只烧造成功了两件，随后都呈送进宫摆放在圆明园西洋楼之中。

这两件高40.6厘米的粉彩六方套瓶，口径12.3厘米，六方体，折扣，直颈，腹部下收，高足外撇。通体施粉彩紫金釉，彩绘有灵芝、卷草、蕉叶、蝙蝠与蝴蝶等吉祥图案，腹部开光镂空雕刻有粉彩花卉，内层是绘有缠枝花纹的青花瓷。很显然，无论从色彩、明暗、线条还是图案、结构、形式等方面来看，处处都洋溢着中国传统文化特色与西洋绘画风格，堪称是中西合璧的绝世佳品。

然而，受到清王朝乾隆、嘉庆、道光与咸丰4位帝王百余年珍爱的这两件粉彩六方套瓶，却在咸丰十年（1860）被英法联军焚烧圆明园时劫掠而去。据诸多史料记载，这两件粉彩六方套瓶当时被英国公使额尔金的私人秘书洛克爵士攫取并带回了英国，其中一件于1988年5月在中国香港苏富比拍卖会上以170万港元的竞拍价被中国台北鸿禧美

清乾隆粉彩镂空回纹葫芦转心瓶

高30厘米，现藏于中国台北"故宫博物院"。

额尔金进北京

1860 年 10 月，额尔金作为第二次鸦片战争的英国谈判全权代表，随英军攻陷北京，与恭亲王奕訢谈判北京条约。清政府释放于 9 月被僧格林沁俘去的一批英国人；得知当中 20 多人已被虐致死后，额尔金下令英军在 10 月 18 日焚毁圆明园作为报复。

术馆购藏，而另一件则从其上贴有"Fonthi II Heirlooms"收藏标记可知，后来由洛克爵士出售给了莫里逊氏收藏，而今却出现在香港苏富比拍卖行等待拍卖。

其实，北京市文物公司最初获知香港苏富比拍卖行将拍卖这件清乾隆粉彩六方套瓶的消息时，就连总经理秦公先生也不了解这件宝瓶的来历，更别说获见实物进行细致研究了。

不过，具有非凡文物鉴赏能力并多次参与回收中华流失国宝竞拍活动的秦公先生，一听说这件宝瓶是当年英法联军从圆明园劫掠而去的，他从心里就断定这绝对不是一件普通瓷器，如果能够使其回归祖国的话，其历史与现实意义都要远远大于瓷器本身的价值。因此，秦公先生一边邀请国内顶级陶瓷专家探讨这件宝瓶的来历，一边催促守候在香港的刘岩先生尽快搜集这件宝瓶的拍卖资料。

　　两天后，当秦公先生终于由从香港快递而来的拍卖图录上看到这件宝瓶真实面貌时，便迅速召集公司有关业务人员召开紧急会议，共同商讨是否回收这件流失海外已经 100 多年的宝瓶。

　　这一年北京 4 月的天气，似乎比往年要热得早热得快，而北京市文物公司会议室内的气氛更是灼热得让人感到焦躁，望着参加会议者一个个脸色红涨，总经理秦公先生忽然拍案而起，高声宣布北京市文物公司一定要抓住这个机会，绝不能让这件宝瓶再度流失海外！

　　决心已下，而要想竞拍成功也非易事，因为拍卖成功与否就决定在拍卖场上那短短的几分钟甚至是几十秒之内。深谙中国瓷器拍卖行情的秦公先生心里还明白，近年来中国瓷器在国际拍卖会上屡创新高。比如，同年 4 月 30 日下午由香港佳士得拍卖公司推出的第 589 号拍品——清乾隆花蝶纹绶带耳葫芦瓶，就是以 3304.5 万港元成交，是 21 年前拍卖价格的 60 倍。比如，1988 年另一件清乾隆粉彩六方套瓶是以 170 万港元的价格在拍卖场上成交，如果这件宝瓶也以如此增值速度而论，北京市文物公司要想成功竞拍这件宝瓶，就必须能够承受住高达 1 亿元人民币的代价。

　　很显然，这对于北京市文物公司乃至当时中国所有的文物收藏机构而言都是第一次，也是难以想象而非同凡响的第一次。针对这一情况，秦公先生与北京市文物局领导都很慎重，当然他们的心理压力也是不言而喻的，而为了竞拍成功他们必须做到知己知彼，可香港苏富比拍卖公司却没有在拍卖图录上标明这件宝瓶的参考价格，所以秦公先生只能查找在历次国际拍卖会上出现的与其类似或相接近的参考物，而这对于一家文物公司或文物收藏机构来说，却是一项等级极高的商业秘密。

　　即便如此，秦公先生与北京市文物局及公司骨干成员经过多方努力，不仅做到了知己知彼，还制订了一套极为周密详尽的竞拍方案：由秦公先生在北京用电话坐镇指挥，已在香港的刘岩先生到现场参与竞拍，竞拍开始时举牌速度不必太快，应该控制在一分钟之内，而竞拍活动进行到后面时，则要快速而干脆地举牌竞拍，以便给竞拍对手造成一种心理压力，从而以自己能够承受的合理价位竞拍到这件宝瓶。

果然，在2000年5月2日下午香港苏富比的拍卖现场，刘岩先生以此策略在短短不足6分钟时间而多达44轮竞拍中，终于以2094.7万港元的竞拍价一举击败所有对手，成功地回购了清乾隆粉彩六方套瓶这件稀世国宝。而这时，已经连续工作了几天几夜的秦公先生，只是淡淡地与继任总经理温桂华通了这样一番电话：

　　温：你高兴吗？

　　秦：当然高兴了。

　　温：那你跳一下。

　　秦：（笑笑）

　　温：你跳了没有？

　　秦：没有。

　　温：真没劲。

　　由此可见，心情看似淡淡的秦公先生，实则激动得恨不能真的跳起来。然而，随着竞拍成功而来的，还有各方对这件清乾隆粉彩六方套瓶的真伪及竞拍价格的纷纷议论，甚至是无端的非议与贬责，这让秦公先生的心理压力陡然增加。

　　2000年5月10日上午11时，连续呕心沥血工作多日以致心力交瘁的秦公先生，还没有来得及迎接欣赏他倾心相求的这件清乾隆粉彩六方套瓶，竟在竞拍成功后的第八天因心脏病突发而病逝在了工作岗位上，从而为这件宝瓶蒙上了一层悲壮色彩。

　　2000年6月24日，清乾隆粉彩六方套瓶在流落海外100多年后，终于回到了它的家乡——中国北京。随后，北京市文物公司按照常规，邀请了国家文物鉴定委员会副主任史树青先生、故宫博物院瓷器专家耿宝昌等8位权威专家，对这件稀世珍宝进行了鉴别定级。

　　最后，专家们得出了这样的鉴定结果：清乾隆粉彩六方套瓶是乾隆早期御窑厂烧制的器物，器型规整，工艺精湛奇巧，代表了中国陶瓷工艺的最高水平。而制造这只宝瓶至少有三难：一是六方瓶不能上圆盘拉坯，成型极为困难；二是套瓶镂空后的瓷胎由于应力改变，烧造中极易变形；三是瓶为内青花外粉彩套瓶，即瓶中再套一瓶，需两次入窑烧成，成品率极低。有此三难，令这件传世作品极为罕见，专家们遂一致将其评定为国家一级文物。

2006年6月10日，在中国第一个文化遗产日这一天，由北京市文物公司捐赠给首都博物馆的这件清乾隆粉彩六方套瓶，终于在首都博物馆特别举办的一场名为"情系国宝——北京市文物公司征集文物精品展"上与普通民众见面。不知人们在沐浴国宝灵光的时候是否会想起因此而故去的秦公先生！

记得著名电影表演艺术家王铁成先生为好友秦公先生敬献的嵌字挽联是：

秦汉之学碓视千古为国家鞠躬尽瘁，
公为儒士质之九泉令世人思念痛心。

清乾隆粉彩镂空花卉纹转心瓶

高29.8厘米，现藏于美国纽约大都会博物馆。